死海文書

X

知恵文書

勝村弘也 訳

ぷねうま舎

序にかえて　死海文書とは何か

一　巻物の発見

最初の七文書

一九四六年から四七年にいたる冬のある日、死海に近いユダの荒野で羊飼いが、一匹の羊が迷い込んだ洞穴に石を投げ込んだ。すると、奇妙な音がする。洞穴に入ってみると、細長い大壺が置かれており、その中には巻物が収められていた。死海文書発見譚として広まった逸話である。逸話はさらに続く。

羊飼いが発見した巻物は七点。そのうちの四点は、ベツレヘムの古物商カンドー（通称）を介して、シリア正教会のエルサレム大主教が買い取った。大主教からこれを見せられ、その価値を知ったヘブライ大学教授Ｅ・スケーニクは、一九四七年末から四八年初頭にかけて、イスラエル国家創設直前の内戦状態のさなか、ベツレヘムに赴き、別の古物商が売りに出していた巻物三点を購入した。大司教が買い取った四点のほうは、エルサレムから密かに持ち出され、一九五四年にアメリカで売りに出された。アメリカに滞在していたスケーニクの息子Ｙ・ヤディンが、たまたまその新聞広告に眼をとめ、それらを購入して、イスラエルに持ち帰った。

スケーニクが入手した文書は、後に『戦いの巻物』（1QM）と『感謝の詩篇』（1QH^{a}）と呼ばれるようになる二点、それに『イザヤ書』の写本B（1QIsa^{b}）であった。これらは一九五四年に公刊された。ヤディンがイスラエルに持ち帰った四点は、ほぼ完全な『イザヤ書』の写本（1QIsa^{a}）、『ハバクク書ペシェル』（1QpHab）、『共同体の規則』（1QS）、『創世記アポクリュフォン』（1QapGen）である。これらは売りに出される前に、エルサレムのアメリカ・オリエント研究所（現・オルブライト考古学研究所）で写真に収められ、『イザヤ書』写本と『ハバクク書ペシェル』は一九五一年に、『共同体の規則』は五二年に同研究所から公刊されていた。

洞穴調査

七つの巻物が専門家の間に知られはじめた一九四九年、これらが発見された洞穴が突き止められ、さらに数十点の巻物の断片が発見された。そこで、付近の洞穴も調査の対象になった。調査の中心的な役割を担ったのは、エルサレム・フランス聖書・考古学研究所所長であったドミニコ修道会司祭R・ドゥ・ヴォーであった。アメリカ・オリエント研究所もこの調査に加わった。

その結果、一九五二年から五六年にかけて、都合十一の洞穴から膨大な数の文書断片が発見された。なかでも第四洞穴で発見された大小の断片は、文書数にして、五百七十四点にのぼる。もっとも、最初の七つの文書のほかにも、調査以前に牧羊民が洞穴から持ち出した巻物もあった。その一つが第十一洞穴から持ち出された『神殿の巻物』（11Q19-21 = 11QT$^{a\text{-}b}$）である。それは、一九六七年六月の「六日戦争」の際、前述したベツレヘムの古物商カンドーから、イスラエル側がなかば強制的に買収した巻物である。こうしたことから、いまだ秘匿されている巻物が存在する、といった噂が絶えない。じじつ、二〇一七年には、文書を盗掘した形跡を残す第十二番目の洞穴が発見されたという。

二　クムラン遺跡の発掘

一九五一年から五六年にかけて、洞穴調査と並行して、洞穴群にごく近いクムラン遺跡の発掘調査が実施され、複数の地下貯水槽を備え、書写室や食堂とみなされる大部屋を持つ大型の複合建造物が発見された。この発掘調査を指揮したのもドゥ・ヴォーであった。遺跡調査は、一九九〇年代以降、イスラエルの考古学者を中心に続いている。

大型複合建造物に関して、ドゥ・ヴォーはそれが使用された時期を三期に区分した。第一期は、少数の人々が居住しはじめた前一四〇年前後から、最初に大型の複合建造物が築造され、使用された最初の一世紀間である。前三一年に起こった地震と火事により、居住はいったん放棄された。ヘロデ大王が没した前四年頃から、ふたたび居住がはじまり、ローマの軍隊によって破壊される後六八年までが第二期である。そして第三期は、その後、ローマ軍兵士が駐屯していた二十年ほどをいう。

第一期と第二期に機能していた大型複合建造物は、宗教的な共同生活を営む施設とみられ、ここで共同生活を営んでいた人々は便宜的に「クムラン教団」などと呼ばれるようになった。彼らは、文書と遺跡が発見された当初から、フラウィウス・ヨセフスやアレクサンドリアのフィロン、さらにはローマの地誌学者（大）プリニウスなどが著作で触れるエッセネ派であったろう、と想定された。ヨセフスが、サドカイ派とファリサイ派に並ぶユダヤ教の一派と報告したエッセネ派は、プリニウスによれば、死海の西岸を居住地としていたからである。

死海文書はその彼らが伝え、書き写した文書であり、ローマ軍による攻撃の直前、それらは近くの洞穴に運びこまれた、と考えられる。一部の研究者はこれに対する異論も提起したが、説得性に富むとはいいがたい。

遺跡の東方また北方では、墓地も発見され、東方の墓地では千百基ほどの墓が確認された。それらは部分的に発掘され、出土する人骨のほとんどは男性であることが判明した。ただし、墓地から離れた墓からはわずかに女性や子どもの人骨も出土する。これらは、クムラン教団の性格を考えるうえで、議論の的とされてきた。エッセネ派は独身男性による共同生活を貫いていた、とプリニウスなどが報告しているからである。

三　死海文書の種類

死海の北西岸の洞穴で発見された文書は、おおまかに、ヘブライ語聖書関連の写本類と、翻訳をとおしてのみ知られていた外典・偽典の原語の写本、これまでまったく知られていなかった古代ユダヤ文献、およびクムラン教団が独自に伝えた文書類とに分けることができる。

聖書写本

最初に発見された七文書中には、すでに述べたように、ほぼ完全な『イザヤ書』の巻物が含まれていた。それまでは、最古の完全なヘブライ語聖書写本は、ユダヤ教マソラ学者が伝え、後一〇〇八年に作成されたレニングラード・コーデックス（サンクト・ペテルブルク、ロシア国立図書館所蔵）であったが、それを千年も遡る聖書写本が発見されたのである。

その後、十一の洞穴から発見された、ヘブライ語聖書写本の断片は、数行、数語が残る程度のものまで含めると、夥しい数にのぼる。推計される聖書写本の数は、多いほうから、『詩篇』三十六点、『申命記』二十九点、『イザヤ書』二十一点と続き、『エズラ記』や『歴代誌』は一点にとどまる。未発見は『ネヘミヤ記』と『エステル記』の二書に限られ、『ネヘミヤ記』が『エズラ記』と同一の巻物に記されていたとすれば、『エステル記』だけが未発見ということになる。

旧約聖書は、周知のように、前二世紀にギリシア語に訳され、「七十人訳」と呼ばれて今日に伝わる。このギリシア語聖書は、多くの箇所において、マソラ学者の伝えるヘブライ語本文とは別の本文を前提にする。サマリア教団も「モーセ五書」を彼らの聖書（「サマリア五書」）として伝えていた。すでに紀元前後、ヘブライ語聖書、ギリシア語訳聖書、サマリア五書という三通りの聖書が併存していたのである。そこに死海のほとりで発見された聖書写本が飛び込んできた。

死海文書中の聖書写本は、細かな表記法を別にすれば、後のマソラ本文と同一もしくはその前段階を示すものが最も多く、聖書写本全体の半ばを越える。それは一方で、旧約聖書のヘブライ語本文が、じつに千年という時間の隔たりを越えて、大きな変更を受けることなく伝えられてきたことを示している。しかし他方で、マソラ本文と七十人訳が意味内容を異にする聖書箇所においては、死海文書が七十人訳のほうを支持する場合も見受けられる。よく知られる事例の一つは『申命記』三二章8節である。

いと高き方が諸民族に嗣業を与え、
人間の子らを分散させたとき、
イスラエルの子らの数にしたがって、
諸国民の境界を定立された。

このマソラ本文に対して、七十人訳は三行目の「イスラエルの子ら」を「神の使いたち」と伝える。それは七十人訳がヘブライ語聖書の「神の子ら」にあてるギリシア語である（ヨブ一6他）。そこで、「神の子らの数にしたがって」を元来の本文とする見解が以前からあったが、第四洞穴から発見された『申命記断片』（4Q37＝4QDeut^{j}）は、じっさいに、そのようなヘブライ語本文の存在を明らかにしたのである。ちなみに、邦訳聖書では、新共同訳、関根正雄訳、フランシスコ会訳がこれを「神の子ら」と変更し、口語訳、新改訳、鈴木佳秀訳（岩波版）は依然「イスラエルの子ら」と訳す。

同様のことは、「苦難の僕の詩」の一節、『イザヤ書』五三章11節についても言いうる。節冒頭のマソラ本文、「彼は彼の魂の苦難から見て」に対して、七十人訳は「彼の魂の苦難から」を前節に結びつけ、「見て」の部分に「光」を補って「光を見せる」と訳したが、死海文書（1QIsa^{a}, 1QIsa^{b}, 4QIsa^{d}）はいずれもこの箇所を「彼は彼の魂の苦難（／災禍）から光を見て」と伝えていたのである。ここからもまた、七十人訳に近いヘブライ語本文が存在していたことがわかる。邦訳聖書では、関根正雄訳とフランシスコ会訳がこれを訳文に反映させた。

これらの事例からだけでも、死海文書中の聖書写本がヘブライ語聖書の本文研究にとっていかに重要か、ということを理解していただけよう。なかでも第十一洞穴で発見された『詩篇』の巻物の一つ（11Q5＝11QPs^{a}）は、『詩篇』の編纂過程を論ずるうえで、必要不可欠な資料である。

旧約聖書外典・偽典および未知の古代ユダヤ文献

クムラン教団はヘブライ語聖書をきわめて重視した。写本の数が多いこと、聖書注解をいくつも残していること、教団文書に聖書からの引用が頻繁にうかがわれること、などからそれがわかる。だが、彼らがこれらを「聖書」と呼んで、これのみに権威をおいたのかどうかは定かでない。旧約聖書「続篇」や「外典・偽典」の写本も彼らは数多く残している。

「続篇」からは、例えば『トビト書』と『ベン・シラの知恵』の写本が知られる。前者はアラム語版とヘブライ語版が、後者はヘブライ語版が残る。外典・偽典類では、エチオピア語で今日に伝わる『エノク書』と『ヨベル書』の写本が大量に発見されている。『エノク書』はアラム語のほかに、第七洞穴からはギリシア語のパピルス断片まで出土した。最初の七つの文書に『創世記アポクリュフォン』（アラム語）が含まれていることは指摘したが、『モーセ・アポクリュフォン』（1Q29 他）をはじめとする、これまでまったく知られていなかった膨大な数の文書が見つかった。そこには、聖書の語り直し、詩篇や賛歌、儀礼文書、知恵文書、魔術文書が含まれている。

クムラン教団がこれらの文書を聖書と区別していたのかどうかという点は、今後の研究にまたねばならないが、「神は言った」とはじまる聖書箇所の引用を一人称で「わたしは言った」と伝える『神殿の巻物』（前述）などは、クムラン教団において、聖書と同等の権威を与えられていた可能性がある。

教団関連文書

死海文書には教団文書も数多く含まれる。『共同体の規則』のような教団組織のあり方や信徒らの日常生活を定めた文書群があり、『ハバクク書ペシェル』をはじめとする独自の聖書注解、独自の宗教儀礼にかかわる文書群、教団の神学思想を表明する文書群等々がそれに加わる。

これらが教団で成立した文書なのか、教団成立以前に遡るのか、という議論は個々の文書に即して進められなければならないが、クムラン教団が残したという意味で、それらすべては広義の教団文書とみなされてよい。そのなかには、十九世紀末に、カイロのシナゴーグの古文書庫（ゲニザ）から発見された『ダマスコ文書』と同一の文書の写本も含まれる。それまでは憶測するほかになかった『ダマスコ文書』の出自や背景が、それによって明らかにされたのである。

四　クムラン教団の特色

このような死海文書からクムラン教団の性格や特色が浮かび上がる。以下、そのいくつかを紹介させていただく。

義の教師

クムラン教団が形成された経緯の詳細は不明である。しかし、『ハバクク書ペシェル』ほかに言及される「義の教師」が教団形成と深く関係していたらしいことは、当初から想定されえた。この人物は「祭司」であったが、彼の敵対者も「邪悪の祭司」と呼ばれている。後者は、政治権力を背景にしてエルサレム神殿の大祭司職を手に入れたハスモン家のヨナタン（前一五二―一四三年、Ⅰマカ一〇20参照）か、でなければ彼を継いだシモン（前一四二―一三四年）を指すだろう、と多くの研究者が想定してきた。この推定が正しければ、「義の教師」はそれに異を唱え、律法に則った生活を守ろうとして荒野に出たクムラン教団初期の指導者であったろう。この種の推定は、今日なお、研究者の間にさまざまな議論を呼んではいるが、少なくとも「義の教師」がこの教団の指導的立場にあったことは、律法を遵守し、「義の教師の声に耳を傾ける」者たちの祝福と救済を語る『ダマスコ文書』（CD XX 27-34）などから、明らかであろう。

独身制

クムラン教団はエッセネ派と関連づけられるが、古代の作家たちがエッセネ派について報告しているように、彼らが独身男性のみの教団であったのかどうかの判断はむずかしい。死海文書に教団信徒の結婚を示唆する文言も散見するからである（1Q28a I 8-11, 4Q502 一―三他）。その一方で、『共同体の規則』などは子どもや婦人の存在を前提にしていない。これまでの墓地の調査によれば、出土した男性の人骨は九割を越えている。これらの事実から、少なくともクムラン教団の中核では独身制が保持されていた、と考えられようか。祭司の婚姻を自明とするユダヤ教主流派の伝統に照らせば、それだけでもクムラン教団は特異であった。その点で、エジプトのテラペウタイと呼ばれるユダヤ教の一派と通ずる面をもつ。

太陽暦

クムラン教団における宗教生活は、一年を三百六十四日（一、二月は三十日、三月は三十一日。これを四回反復）とする太陽暦に基づいていた。この暦にしたがえば、毎年、同一祝祭日は同一曜日となり、祝祭日と安息日の関係はつねに一定に保たれる。しかし、祝祭日をめぐって、一年三百五十四日の太陽＝太陰暦に基づくユダヤ教主流派との間にずれが生じることになる。クムラン教団が主流派から分離し、独自に祭儀を守ろうとする理由の一つがここにあった、とまでいわれる所以である。

新しい契約の民

クムラン教団は自分たちを契約共同体と理解した。教団の成員は神の前で契約を立て、命ぜられた掟を守り、あらゆる罪から離れることを誓ったのである（1QS I 16-20他）。旧約聖書は全イスラエルを神に選ばれた契約の民とみるが、クムランの人々は自らをエレミヤが預言した「新しい契約」の民とみなして、現実のイスラエルとは区別した（CD VI 19他）。クムラン教団はその意味で、イエス・キリストにおいて「新しい契約」が成就したと信じた初代のキリスト教徒たちと通ずる面をもつ（Iコリ一一25他）。

終末論

新しい契約共同体として自己を理解したクムラン教団の思想的特色は、その終末論にあるといってよい。彼らの終末論は一種の二元論によって枠づけられていた。彼らは、初期キリスト教徒と同じく（ルカ一六8他）、自分たちを「光の子ら」と呼んで、彼らに敵対する「闇の子ら」と区別した。前者は「真実の霊」によって歩む「義の子ら」、後者は「欺瞞の霊」に迷わされた「欺瞞の子ら」と言い換えられ、両者の間の戦いは、最終的に、「光の子ら」に勝利と救いをもたらし、「闇の子ら」は、彼らの背後に控える悪の権化ベリアルとその使いたちとともに、永遠に滅ぼされるのである。

もっとも、「真実の霊」も「欺瞞の霊」も、人間がそのうちのいずれにしたがって歩むかを明らかにするために造られた、神の被造物であった。その意味で、彼らの二元論はあくまでも、旧約聖書を引き継ぐ絶対神のもとにあり、世界を善神と悪神の抗争の場と捉えるイランの二元論などとは趣きを異にする。

二人のメシア

旧約聖書の「メシア預言」に「メシア」という呼称は用いられることはなかったが、前二世紀頃から、イスラエルを再興する理想の指導者を「メシア」と呼ぶ伝統が定着してゆく。クムラン教団の終末論もメシア待望と切り離しがたく結ばれていた。しかも、彼らは「イスラエルのメシア」と「アロンのメシア」という二人のメシアの到来を待望していた（CD XII 23, XIV 19, 1QS IX 11他）。前者は最後の戦いをとおして「光の子ら」を解放する政治的メシアであり、後者は正しい祭儀を再興する祭司的メシアであった。このような二人のメシア思想は明らかに、『ゼカリヤ書』四章11-14節をふまえている。

新しいエルサレム

このようにして実現する救済の時代を思い描いたとみられるアラム語文書の諸断片は『新しいエルサレム』（2QNJ ＝ 2Q24, $4QNJ^{a\text{-}b}$ ＝ 4Q554-555 他）と名づけられた。この文書は、『エゼキエル書』四〇―四八章に依拠しつつ、将来のエルサレムの町とその神殿を見取り図風に描き、神殿祭具やそこで行われる儀礼についても詳しく述べてゆく。クムラン教団では、エルサレムから排除されたことと相俟って、聖化されたエルサレムとその神殿の再興が将来に託されたのであろう。原始キリスト教徒たちも同じく「新しいエルサレム」を構想したが、それは悪の勢力が永遠の滅びに堕とされた後の「天上のエルサレム」であった（黙二一9以下）。

五　クムラン教団と新約聖書

一九九〇年代はじめ、第四洞穴で発見された死海文書が公刊されないのは、キリスト教成立にかかわる「不都合な真実」をカトリック教会が隠そうとしているからではないか、といった憶測が世界中に流れた。だが、すべての死海文書が公刊された現在、そうした憶測は根拠を失った。死海文書の中にイエスの宣教活動を示唆する文言は存在せず、初代キリスト教会がクムラン教団と直接的な接触をもった形跡もなかったからである。にもかかわらず、いまなお、クムラン教団とキリスト教の比較研究に関心が寄せられるのは、なぜであろうか。

前述したように、紀元六八年、ローマ軍の攻撃の前にクムラン教団の施設は壊滅した。他方、紀元三〇年前後に成立したキリスト教の指導的立場にあったエルサレム教会は、ローマ軍による攻撃の直前、エルサレムからヨルダン河東岸のペラに移動したと伝えられる。それは、これら二つの教団が紀元後一世紀中葉のほぼ四十年にわたるユダヤの歴史をともに体験していた事実を物語る。

両者は、前述した「新しい契約」「光の子」「新しいエルサレム」をはじめとする多くの思想を共有していた。当時のユダヤ教主流派に対して、批判的な距離をおいた点でも共通していた。ところが、一方は歴史から姿を消し、他方は世界宗教への道を歩みはじめたのである。同じユダヤ教に発する二つの宗教運動の、このきわだった対照性は何に起因するのか。一方に消滅の道をたどらせ、他方に世界宗教への展開を促した要因はどこにあったのか。死海文書の研究は、そのような宗教史上の課題を負っているのであり、古代ユダヤ教の特殊な宗教集団の一事例研究にとどまらない。それは、最初期のキリスト教の展開を跡づける綿密な新約聖書研究とも密接な関係にある。

死海文書は現時点で八百余りの文書を数えるが、そのうち二百本を超えるものが聖書写本と同定されている。本「死海文書」シリーズでは、聖書写本以外の約六百文書のうち、ある程度意味を成す分量の文章が残っているもののすべてを訳出する。また、『ダマスコ文書』についてはカイロ・ゲニザから発見されたものを、さらにクムラン文書と関連のあるいくつかのマサダ出土の写本についても必要に応じて訳出した。

本企画は、右のような人類宗教史の一断面に触れる資料を提供することを願って、ここに公刊される。

死海文書編集委員
月本昭男
勝村弘也
守屋彰夫
上村　静

旧約・新約聖書略号表

旧約聖書

創	創世記
出	出エジプト記
レビ	レビ記
民	民数記
申	申命記
ヨシ	ヨシュア記
士	士師記
ルツ	ルツ記
サム上	サムエル記上
サム下	サムエル記下
王上	列王記上
王下	列王記下
代上	歴代誌上
代下	歴代誌下
エズ	エズラ記
ネヘ	ネヘミヤ記
エス	エステル記
ヨブ	ヨブ記
詩	詩篇
箴	箴言
コヘ	コーヘレト書／コヘレトの言葉
雅	雅歌
イザ	イザヤ書
エレ	エレミヤ書
哀	哀歌
エゼ	エゼキエル書
ダニ	ダニエル書
ホセ	ホセア書
ヨエ	ヨエル書
アモ	アモス書
オバ	オバデヤ書
ヨナ	ヨナ書
ミカ	ミカ書
ナホ	ナホム書
ハバ	ハバクク書
ゼファ	ゼファニヤ書
ハガ	ハガイ書
ゼカ	ゼカリヤ書

マラ　マラキ書

新約聖書

マコ　マルコ福音書／マルコによる福音書
マタ　マタイ福音書／マタイによる福音書
ルカ　ルカ福音書／ルカによる福音書
使　使徒行伝
ヨハ　ヨハネ福音書／ヨハネによる福音書
Ⅰヨハ　Ⅰヨハネ書／ヨハネの第一の手紙
Ⅱヨハ　Ⅱヨハネ書／ヨハネの第二の手紙
Ⅲヨハ　Ⅲヨハネ書／ヨハネの第三の手紙
ロマ　ロマ書／ローマ人への手紙
Ⅰコリ　Ⅰコリント書／コリント人への第一の手紙
Ⅱコリ　Ⅱコリント書／コリント人への第二の手紙
ガラ　ガラテヤ書／ガラテヤ人への手紙
フィリ　フィリピ書／フィリピ人への手紙
Ⅰテサ　Ⅰテサロニケ書／テサロニケ人への第一の手紙
フィレ　フィレモン書／フィレモンへの手紙
エフェ　エフェソ書／エフェソ人への手紙
コロ　コロサイ書／コロサイ人への手紙
Ⅱテサ　Ⅱテサロニケ書／テサロニケ人への第二の手紙
Ⅰテモ　Ⅰテモテ書／テモテへの第一の手紙
Ⅱテモ　Ⅱテモテ書／テモテへの第二の手紙
テト　テトス書／テトスへの手紙
ヘブ　ヘブル書／ヘブル人への手紙
ヤコ　ヤコブ書／ヤコブの手紙
Ⅰペト　Ⅰペトロ書／ペトロの第一の手紙
Ⅱペト　Ⅱペトロ書／ペトロの第二の手紙
ユダ　ユダ書／ユダの手紙
黙　黙示録／ヨハネの黙示録

聖書外典偽典略号表

旧約外典

Ⅰエズ　第一エズラ記
Ⅰマカ　第一マカバイ記
Ⅱマカ　第二マカバイ記
トビ　トビト記

ユディト	ユディト記
ソロ知恵	ソロモンの知恵
ベン・シラ	ベン・シラの知恵
バルク	バルク書
エレ手紙	エレミヤの手紙
マナセ	マナセの祈り
ダニ付	ダニエル書への付加
スザンナ	スザンナ
三人の祈り	アザリヤの祈りと燃える炉の中の三人の祈り
ベル	バビロンのベルとバビロンの龍
エス付	エステル記への付加

旧約偽典

アリステ	アリステアスの手紙
Ⅲマカ	第三マカバイ記
Ⅳマカ	第四マカバイ記
シビュラ	シビュラの託宣
スラヴ・エノク	スラヴ語エノク書
ヨベ	ヨベル書
ヨセ・アセ	ヨセフとアセナテ
エチ・エノク	エチオピア語エノク書
アブ遺	アブラハムの遺訓
ヨブ遺	ヨブの遺訓
十二遺	十二族長の遺訓
ルベ遺	ルベンの遺訓
シメ遺	シメオンの遺訓
レビ遺	レビの遺訓
ユダ遺	ユダの遺訓
イッサ遺	イッサカルの遺訓
ゼブ遺	ゼブルンの遺訓
ダン遺	ダンの遺訓
ナフ遺	ナフタリの遺訓
ガド遺	ガドの遺訓
アシェ遺	アシェルの遺訓
ヨセ遺	ヨセフの遺訓
ベニ遺	ベニヤミンの遺訓
ソロ詩	ソロモンの詩篇
Ⅳエズ	第四エズラ記
エレ余録	エレミヤ余録
シリア・バルク	シリア語バルク黙示録
ギリシア・バルク	ギリシア語バルク黙示録
モセ昇（遺）	モーセの昇天（遺訓）
預言生涯	預言者の生涯
アダ・エバ	アダムとエバの生涯

新約外典

オク・パピ八四〇	オクシリンコス・パピルス八四〇
エジ・パピ二	エジャトン・パピルス二
オク・パピ六五四	オクシリンコス・パピルス六五四
オク・パピ一	オクシリンコス・パピルス一
オク・パピ六五五	オクシリンコス・パピルス六五五
オク・パピ一二二四	オクシリンコス・パピルス一二二四
カイ・パピ一〇七三五	カイロ・パピルス一〇七三五
スト・パピ	ストラスブール・パピルス
ファイ断片	ファイユーム断片
Ⅴエズ	第五エズラ記
Ⅵエズ	第六エズラ記
ナザ福	ナザレ人福音書
エビ福	エビオン人福音書
ヘブ福	ヘブル人福音書
エジ福	エジプト人福音書
ヤコ原福	ヤコブ原福音書
幼時物語	トマスによるイエスの幼時物語
ペト福	ペトロ福音書
ニコ福	ニコデモ福音書
イザ殉	イザヤの殉教と昇天
ラオ手紙	ラオデキア人への手紙
使徒手紙	使徒たちの手紙
Ⅲコリ	コリント人への第三の手紙
往復書簡	セネカとパウロの往復書簡
偽テト	偽テトスの手紙
パウ黙	パウロの黙示録
ロギオン	フリア・ロギオン
ヨハ行	ヨハネ行伝
ペト行	ペトロ行伝
パウ行	パウロ行伝
アン行	アンデレ行伝
トマ行	トマス行伝
ペト宣	ペトロの宣教
ペト黙	ペトロの黙示録
宣教集	ペトロの宣教集
ソロ頌	ソロモンの頌歌

死海文書略号表

＊文書略号を五十音順に列記し、写本整理番号、文書名、および本「死海文書」シリーズの収録分冊を示す。
①＝第1分冊。

悪霊詩（11Q11）	悪霊祓いの詩篇	⑪
アム幻（4Q543-549）	アムラムの幻	⑥
誤る民（4Q306）	誤る民	②
アラ遺（4Q580-582, 587）	アラム語遺訓	⑦
アラ箴（4Q569）	アラム語箴言	⑩
安息歌（4Q400-407, 11Q17）	安息日供犠の歌	⑨
イザ・ペ（3Q4; 4Q161-165; 4Q515）	イザヤ書ペシェル	③
エノク（4Q201-202, 204-207, 212; 7Q4; 7Q8; 7Q11-12）	エノク書	⑤
エノシュ（4Q369）	エノシュの祈り	⑥
エリ・アポ（4Q481a）	エリシャ・アポクリュフォン	⑦
エレ・アポA（4Q383）	エレミヤ書アポクリュフォンA	④
エレ・アポB（4Q384）	エレミヤ書アポクリュフォンB	④
エレ・アポC（4Q385a; 4Q387; 4Q387a; 4Q388a; 4Q389; 4Q390）	エレミヤ書アポクリュフォンC	④
改五（4Q364-367）	改訂五書	⑦
会衆（1Q28a; 4Q249a-i）	会衆規定	①
外典哀A（4Q179）	外典哀歌A	⑧
外典哀B（4Q501）	外典哀歌B	⑧
外典詩A-B（4Q380-381）	外典詩篇A-B	⑧
外典詩祈（4Q448）	外典詩篇と祈り	⑧
カテ（4Q177, 178; 4Q182）	カテナ	③
神業（4Q392）	神の諸々の業	⑧
感謝詩（$1QH^a$, 1Q35; 4Q427-431/471b, 432）	感謝の詩篇	⑧
感謝詩類A（4Q433）	感謝の詩篇類似文書A	⑧
感謝詩類B（4Q433a）	感謝の詩篇類似文書B	⑧
感謝詩類C（4Q440）	感謝の詩篇類似文書C	⑧

感謝詩類Ｄ（4Q440a）　感謝の詩篇類似文書Ｄ　⑧
偽エゼ（4Q385, 385c, 386, 388, 391）偽エゼキエル書　⑦
規則（5Q13）　規則　①
偽ダニ（4Q243-245）　偽ダニエル書　④
共規（1QS; 4Q255-264; 5Q11）　共同体の規則　①
教訓（1Q26; 4Q415-418, 418a, 418c, 423）　教訓　⑩
教訓類（4Q486, 487）　教訓類似文書　⑩
教訓類Ａ（4Q419）　教訓類似文書Ａ　⑩
教訓類Ｂ（4Q424）　教訓類似文書Ｂ　⑩
（但し、4Q415 は教訓一、4Q416 は教訓二、4Q417 は教訓三、4Q418 は教訓四として示すことがある）
共セレ（4Q275）　共同体セレモニー　①
巨人（1Q23-24; 2Q26; 4Q203; 4Q530-533; 4Q206 2-3; 6Q8, 14）　巨人の書　⑤
浄め（4Q284）　浄めの儀礼　⑨
浄めＡ（4Q414）　浄めの儀礼Ａ　⑨
浄めＢ（4Q512）　浄めの儀礼Ｂ　⑨
偽ヨベ（4Q225-228）　偽ヨベル書　⑤
儀暦（4Q324d-f）　儀礼暦　⑪
寓喩（6Q11）　葡萄の木の寓喩　⑪
月盈（4Q317）　月の盈欠　⑪

結婚儀（4Q502）　結婚儀礼　⑨
ケハ遺（4Q542）　ケハトの遺訓　⑥
賢者（4Q298）　暁の子らに、賢者の言葉　⑩
賢者詩（4Q510-511）　賢者の詩篇　⑪
洪水（4Q370）　洪水に基づく説諭　⑥
光体（4Q504, 506）　光体の言葉　⑨
告白（4Q393）　共同の告白　⑧
五書アポ（4Q368, 377）　五書アポクリュフォン　⑥
祭司預（6Q13）　祭司の預言　⑪
祭日祈（1Q34+34bis, 4Q505, 4Q507-509）　祭日の祈り　⑨
祭暦（4Q320-321, 321a, 324g, 324h, 325, 337）祭司暦　⑪
幸い（4Q525）　幸いなる者　⑩
サム王・アポ（6Q9）　サムエル記－列王記アポクリュフォン　⑦
サム・アポ（4Q160）　サムエル記アポクリュフォン　⑦
詩・外（4Q88, 11Q5-6）　詩篇外典　⑧
叱責（4Q477）　叱責　⑪
詩・ペ（1Q16; 4Q171, 173）　詩篇ペシェル　③
邪悪（4Q184）　邪悪な女の策略　⑩
収穫（4Q284a）　収穫　①

終末（4Q183）	終末釈義	③
十二宮（4Q318）	月と十二宮	⑪
祝福（1Q28b）	祝福の言葉	⑨
呪詛（メルキ）（4Q280; 5Q14）	呪詛（メルキレシャア）	⑪
出講（4Q374）	出エジプトについての講話／征服伝承	⑥
出パラ（4Q127）	出エジプト記パラフレイズ	⑥
呪禱（4Q560）	呪禱	⑪
呪文（4Q444）	呪文	⑪
呪文儀（8Q5）	呪文の儀礼	⑪
諸規則（4Q265）	諸規則	②
しるし（4Q319）	しるし	⑪
新エル（1Q32; 2Q24; 4Q554, 554a, 555; 5Q15; 11Q18）	新しいエルサレム	④
新地（4Q475）	新しい地	④
神殿（4Q365a; 4Q524; 11Q19-21）	神殿の巻物	②
正義時（4Q215a）	正義の時	④
正義道（4Q420-421）	正義の道	①
清潔Ａ（4Q274）	清潔規定Ａ	②
清潔Ｂ（4Q276-277）	清潔規定Ｂ	②
清潔Ｃ（4Q278）	清潔規定Ｃ	②
聖年（4Q559）	聖書年代記	③
聖書パラ（4Q158）	聖書パラフレイズ	⑦
摂理（4Q413）	神の摂理	⑩
ゼファ・ペ（1Q15; 4Q170）	ゼファニヤ書ペシェル	③
創アポ（1Q20）	創世記アポクリュフォン	⑥
創出パラ（4Q422）	創世記-出エジプト記パラフレイズ	⑥
創時（4Q180-181）	創世時代	③
創注Ａ（4Q252）	創世記注解Ａ	③
創注Ｂ（4Q253）	創世記注解Ｂ	③
創注Ｃ（4Q254）	創世記注解Ｃ	③
創注Ｄ（4Q254a）	創世記注解Ｄ	③
族長（4Q464）	族長たちについて	⑥
戦い（1QM; 1Q33; 4Q491-496）	戦いの巻物	①
戦い関連Ａ（4Q497）	戦いの巻物関連文書Ａ	①
戦い関連Ｂ（4Q471）	戦いの巻物関連文書Ｂ	①
戦い書（4Q285; 11Q14）	戦いの書	①
ダニ・アポ（4Q246）	ダニエル書アポクリュフォン	④
ダニ・スザ（4Q551）	ダニエル書スザンナ	⑦
ダマ（CD; 4Q266-273; 5Q12; 6Q15）	ダマスコ文書	①
タン（4Q176）	タンフミーム	③

知恵A（4Q412）	知恵の教えA	⑩
知恵B（425）	知恵の教えB	⑩
知恵言（4Q185）	知恵の言葉	⑩
知恵詩A（4Q426）	知恵の詩A	⑩
知恵詩B（4Q411）	知恵の詩B	⑩
テス（4Q175）	テスティモニア	③
天ミカ（4Q529, 571）	天使ミカエルの言葉	④
天文（4Q208-211）	エノク書天文部	⑪
典礼文A（4Q409）	典礼文書A	⑨
典礼文B-C（4Q476-476a）	典礼文書B-C	⑨
銅板	銅板巻物	⑫
トビ（4Q196-199, 200）	トビト書	⑦
ナフ（4Q215）	ナフタリ	⑥
ナボ（4Q242）	ナボニドゥスの祈り	⑦
ナホ・ペ（4Q169）	ナホム書ペシェル	③
ナラA（4Q458）	ナラティヴA	⑥
ナラB（4Q461）	ナラティヴB	⑥
ナラC（4Q462）	ナラティヴC	⑥
ナラD（4Q463）	ナラティヴD	⑥
ナラE（4Q464a）	ナラティヴE	⑥
ナラ・作品と祈り（4Q460）	ナラティヴ作品と祈り	⑥
ナラ・作品（レバノン）（4Q459）	ナラティヴ作品（レバノン）	⑥
ナラ・ヤコブの光（4Q467）	「ヤコブの光」テキスト	⑥
ノア（1Q19 + 1Q19bis）	ノア書	⑥
ノア生（4Q534-536）	ノアの生誕	⑥
ハバ・ペ（1QpHab）	ハバクク書ペシェル	③
ハラA（4Q251）	ハラハーA	②
ハラB（4Q264a）	ハラハーB	①
ハラC（4Q472a）	ハラハーC	①
ハラ書（4Q394-399; 4Q313）	ハラハー書簡	②
バル（4Q434-438）	バルキ・ナフシ	⑧
秘義（1Q27; 4Q299-301）	秘義	⑩
日ごと祈（4Q503）	日ごとの祈り	⑨
火舌（1Q29）	火の舌またはモーセ・アポクリュフォン	⑥
布告（4Q159; 4Q513-514）	布告	②
フロ（4Q174）	フロリレギウム	③
ベラ（4Q286-290）	ベラホート	⑨
ペル宮（4Q550）	ペルシア宮廷のユダヤ人	⑦
ホセ・ペ（4Q166-167）	ホセア書ペシェル	③
ホロ（4Q186, 561）	ホロスコープ	⑪
マラ・アポ（5Q10）	マラキ書アポクリュフォン	⑦
マラ注（4Q253a）	マラキ書注解	③

ミカ・ペ（1Q14; 4Q168）	ミカ書ペシェル	③
ミシュマ（4Q322-324, 324a, 324c,328-329, 329a, 330, 324i）	ミシュマロット	⑪
道（4Q473）	二つの道	⑩
メシ黙（4Q521）	メシア黙示	④
メルツェ（11Q13）	メルキツェデク	③
モセ言（1Q22）	モーセの言葉	⑥
モセ・アポ（2Q21; 4Q375-376, 408）	モーセ・アポクリュフォン	⑥
物語と詩（4Q371-373, 373a; 2Q22）	物語と詩的作品	⑥
厄除け（6Q18）	厄除けの祈り	⑪
ヤコ遺（4Q537）	ヤコブの遺訓	⑥
ユダ遺（4Q538; 3Q7; 4Q484）	ユダの遺訓	⑥
ヨシ・アポ（4Q378-379; 5Q9）	ヨシュア記アポクリュフォン	⑦
ヨシ敷（4Q123）	ヨシュア記敷衍	⑦
ヨシ預（4Q522）	ヨシュアの預言	⑦
ヨセ遺（4Q539）	ヨセフの遺訓	⑥
ヨナタン（4Q523）	ヨナタン	⑪
ヨベ（1Q17-18; 2Q19-20; 3Q5; 4Q216-224; 4Q176a; 4Q482?; 11Q12+XQ5a）	ヨベル書	⑤
四王（4Q552-553, 553a）	四つの王国	④
四籤（4Q279）	四つの籤	②
ラヘ・ヨセ（4Q474）	ラヘルとヨセフに関するテキスト	⑥
歴文A（4Q248）	歴史文書A	⑧
暦文（4Q326, 394 1-2）	暦文書	⑪
列パラ（4Q382）	列王記パラフレイズ	⑦
レビ・アポ（4Q540-541）	レビ・アポクリュフォン	⑥
レビ遺（アラ）（1Q21; 4Q213, 213a, 213b, 214, 214a, 214b）	レビの遺訓	⑥
論争（4Q471a）	論争テキスト	⑪

凡　例

死海文書の多くは羊皮紙の巻物であった（一部はパピルス）。しかし、きれいな巻物のままで見つかったものは少数で、多くはバラバラになった状態で研究者の手に渡った。それゆえ、そうしたバラバラの断片は、まずはどれとどれが同一の文書であるかが同定され、同じ文書のものと判断されたものに番号づけがなされていった。本訳では各文書に書名を付しているが、それらは現代の学者が内容から判断して名づけた暫定的な命名に過ぎず、これまでにもすでにいくつかの文書は名前が変えられてきたし、今後の研究次第でまた名前が変わる可能性もある。そうした文書名についての不確かさがあるなかで、特定の箇所を明確に指示するために、すべての文書と断片に整理番号が付されている（ただし、最初期に発見された文書のいくつかは番号のない書名だけのものもある）。以下では、この番号づけの仕方について簡単に解説する。

一、洞穴番号と文書番号

現時点で死海文書と呼ばれる諸文書は、死海近辺の十一の洞穴から発見された。それらの洞穴には一から十一までの番号が付されている。

「1Q14」という表記において、最初の「1」は洞穴番号を指している（つまり第一洞穴）。次のアルファベットの「Q」はクムラン（Qumran）周辺の洞穴であることを意味している（死海近辺からはクムラン以外の場所からも古代写本が発見されており、それらには「Q」は使われない）。最後の「14」は十四番の文書ということで、第一洞穴から見つかった他の文書との区別を表す。

初期に発見された文書で比較的有名な文書については、番号表記よりも名前の略記が好んで使われるもの、また番号の付されていないものもある。1QS（=1Q28『共同体の規則』）、1QM（=1Q33『戦いの巻物』）、1QH^a（『感謝の詩篇』）、1QpHab（『ハバクク書ペシェル』）、11QT^a（=11Q19『神殿の巻物』）などがそうである。本訳では、こうした慣習も考慮に入れて、邦訳名、邦訳略記、欧文略記、番号表記が混在している。

二、欄番号、断片番号、行番号

死海文書は、比較的まとまった巻物として発見されたものと、まったくバラバラになってしまったものとがある。ある程度のまとまりの残されている巻物には、いくつかの欄が四方の余白に区切られて現存している。そこから、多くの文書は複数の欄を持った巻物であったことが推測される。それらの巻物のなかには、最初の欄が残されているものもあれば、後半の欄は残されていても前半は失われているというものもある。そこで、ある程度、元来の欄の構成が復元できるものについては、大文字のローマ数字を使って欄番号を表示している。必要な場合は、それにアラビア数字で行番号を付している。死海文書には、聖書のような章と節を付すことは困難なので、内容とは無関係に、単純に上からの（あるいは時に下からの）行番号によって特定の箇所を指示することになる。邦訳すると行を跨がらざるを得ないケースが多いため、本訳の行番号表示では単語レベルの厳密さを再現できてはいない。

「4Q162 II 3」という表記は、第四洞穴の百六十二番の文書の第II欄の第3行を意味する。この第II欄は、もともと複数の欄から成り立っているこの文書の二番目の欄、第3行はこの欄の上から3行目を指示することになる（実際に見える行数のこともあれば、研究者によって復元された行数のこともある）。しかしながら、このように元来の欄番号を復元するためには、最初の欄の場所がある程度想定できる場合に限られ、断片がバラバラになっていて欄数を確認できないことも少なくない。そこで、多くの文書では、欄数表記をせずに断片番号で特定の箇所を指示することになる。本訳では断片番号は漢数字で表記する。

「4Q160 一 4」という表記は、第四洞穴の百六十番の文書の断片一の第4行を指示することになる。複数の断片をパズルのように組み合わせて、テキストの一部を復元できることもあり、そうした場合には複数の断片番号が一緒に表記される。

「4Q503 七—九 5」とあれば、第四洞穴の五百三番の文書の断片七から断片九（つまり断片七＋八＋九）の5行目ということになる。「4Q168 一＋三 4」の場合は、第四洞穴の百六十八番の文書の断片一と断片三を組み合わせて一つのテキストを復元し、その第4行を指示するということになる。

小さな断片を並べることで、一つの断片を復元できることもあり、その場合には、小断片を小文字のアルファベットで示す。「4Q286 二a–c 5」という表記は、第四洞穴の二八六番目の文書の断片二の上から第五行を指示するが、その断片二は実際にはさらに小さな三つの断片（a、b、c）から復元されたものであることを示す。

比較的大きな断片のなかには、一つの断片でありながら複数の欄が残されていることもある（つまり欄と欄の間の余白が見える）。その場合には、漢数字の断片番号に小文字のローマ数字で右から番号を付している（ヘブライ語は右から左に書く）。

「4Q521 二iii5」という表記は、第四洞穴の五百二十一番文書の断片二の右から三番目の欄の5行目を指すことになる。これらを組み合わせて表記することもある。

「4Q286 一aii、b3」という表記は、第四洞穴の二八六番目の文書の断片一は小断片aと小断片bから成るが、その小断片aには二欄が残されていて、小断片aの左欄と小断片bを組み合わせて復元された欄（つまり断片一の第二欄）の第3行目を指示することになる。

「4Q415 一ii＋二i6」とあれば、第四洞穴の四百十五番文書の断片一の第ii欄（左欄）と断片二の第i欄（右欄）を組み合わせたテキストの6行目を指示する。こうした複数の断片を組み合わせることで全体の欄を復元できる場合には、大文字のローマ数字の欄番号、漢数字の断片番号、小文字のローマ数字の当該断片の欄番号、行番号が付されることもある。

「11Q13 II 一＋二i＋三i＋四10」という表記は、第十一洞穴の第十三番文書の第II欄で、この第II欄というのは断片番号一と断片二の第i欄（右欄）と第三断片の第i欄（右欄）と第四断片から復元されていて、その10行目を指示しているということになる（ただし、注等で略記する場合は、大文字ローマ数字の欄番号か、漢数字の断片番号と小文字のローマ数字の当該断片の欄番号のどちらかだけで表記されることが多い。例「11Q13 II 10」ないし「11Q13 一＋二i＋三i＋四10」）。

三、本訳の底本について

死海文書の公式な校訂版は、一九五五年から二〇一一年にかけて刊行された四十巻からなる

Discoveries in the Judaean Desert（Clarendon: Oxford University Press）というシリーズである（以下DJD）。各巻のタイトルについては左記を参照のこと。

https://web.archive.org/web/20120519110203/http://orion.mscc.huji.ac.il/resources/djd.shtml

このシリーズは、聖書を含む死海文書すべてについて、テキスト、翻訳、注、文書断片の写真から構成され、発行年の新しいものについては詳細な解説と注解も付されている。しかしながら、初期に発見された文書についてはこのシリーズに含まれていないものもある（『エノク書』、『神殿の巻物』など）。また、後の研究の進展やデジタル技術の発達などにより、このシリーズとは異なるテキストの読みが提案されていることもある。さらに、詳細な注解や写真がついているため、高価であり、またすでに絶版になっていて入手しにくいものもある。

そこで、DJD の現在の編集長である E. Tov（および D. W. Parry）の編集により、（聖書以外の）テキストと英訳のみを提示する *The Dead Sea Scrolls Reader*（Leiden: Brill）が刊行されている（初版は六巻本、第二版は二〇一四年発行の二巻本。以下 *DSSR*）。この書は、基本的に DJD のテキストの採録であるが、その後に提案された異なる読みが受け入れられている場合には、新しい読みを採用している。しかし、古い読みがそのまま採用されているケースも少なくないため、全般的に本書に依拠することは最善と思われない。

DJD シリーズとは別に、プリンストン大学が全十巻の予定で新しい死海文書の校訂版の発行を一九九四年から始めている（現時点で六巻七冊が刊行済み。以下、プリンストン版）。

J. H. Charlesworth（ed.）, *The Dead Sea Scrolls: Hebrew, Aramaic, and Greek Texts with English Translations*（The Princeton Theological Seminary Dead Sea Scrolls Project; Tübingen: J.C.B. Mohr; Louisville:

Westminster John Knox).

プリンストン版は、解説にテキスト、英訳、簡単な注が付されたものであるが、いまだ全巻が出そろっていないこと、九〇年代に発行された巻についてはやや情報が古いこと、校訂者によって信頼度に欠ける場合があることなどから全幅の信頼をおくことはできない。

以上とは別に、とにかくテキストと英訳だけを読者に提示することを目的に編集されたものとして、F. García Martínez & E. J. C. Tigchelaar (eds. & transl.), *The Dead Sea Scrolls: Study Edition* (2 vols.; Leiden: Brill, 1997-98, ペーパーバック, 1999) が発行されている（以下 *DSSSE*）。この書では二人の編者がテキストを新たに読み直し、かつ新しい訳を付している。しかしながら、学習版という名の通り簡易版であって、小断片は提示されておらず、また欠損部分の提示の仕方も簡略化されているため、どれくらいの文字が欠落していたのかの判断はできない。そのため、本書だけを利用すると欠落部分の前後について誤読する可能性がある。

個々の文書については、それぞれ詳細な研究がなされているが、死海文書全体のテキストを網羅しているのは以上の四つである（DJD, *DSSR*, プリンストン版、*DSSSE*）。上記のような理由から、本訳においては、以上のどれか一つを底本として定めることはせず、それぞれの文書ごとに訳者が定本を定めて訳すことにした。異読の可能性については注に記してある場合もあるが、その是非と詳細さはその文書の状態と訳者個々の判断にゆだねられている。

四、本訳における文書の配置と文書の特定の仕方について

十一の洞穴から発見された死海文書は、内容上の関連とは無関係に保管されていた。そのため、文書番号順に配列すると、関連ある文書同士が複数の分冊に跨って掲載されることになる。本訳では、すべての文書をそのジャンルに従って配列しなおし、内容上の連関の強いものをなるべく同じ分冊に所収するよう努めた（主に *DSSR* の配列に従っているが、分冊の分量を均等化するため、本訳独自の配列になっている）。

しかしながら、解説や注においては他の分冊に配置されている文書との関連を指示することも少なくない。そこで読者の便宜のために、文書の邦訳名とその略記を五十音順に列記した「死海文書略号表」を巻頭に、文書番号順に当該文書がどの巻に収められているかを示す「整理番号・文書名一覧」を巻末に掲載した。読者諸氏には、必要に応じてこれらの表を活用していただきたい。

五、本訳における注および解説等について

本文に出る言語的・歴史的事柄および死海文書に特徴的な観念と語彙などについて説明する。同一文書内の関連する箇所、及び他の死海文書の関連箇所、さらには旧約聖書・新約聖書、外典偽典文書、ミシュナー、タルムードなどのユダヤ教ラビ文献などとの関連についても記してある。

なお、死海文書は文書ごとに保存状態や研究の進展状況に大きな違いがあるため、本訳における解説等は、その形式や取り扱う事柄について統一を図っていない。

六、本訳本文中に用いた記号の意味について

［　］＝写本の欠損部分を示す。［……］は一単語ほどの欠損を、［…………］はそれ以上の欠損があることを示す。

｛　｝＝写本の行間への書き込みであることを示す。

（　）＝解読の便宜のための、訳者による補足を示す。

二〇一八年三月　　上村　静　記

知恵文書 ✣ 目次

教訓　I

教訓

（1Q26, 4Q415-418, 418a, 418c, 423）

勝村弘也 訳

教訓一（4Q415）

復元事情と保存状態（4Q415）

「教訓一」（4QInstruction[a]）に属する写本断片は、あまり保存状態のよくない合計三十二の断片（DJD およびDSSR による）から構成されている。これらのうちで比較的大きな断片である断片一一は、『教訓四』（4Q418）の第一六七断片と明らかに重複している。この事実から「教訓一」は、4Q416, 4Q417, 4Q418, 4Q418a および 4Q423 と同じく『教訓』（4QInstruction）と名づけられている知恵文書に属していたことがわかる。興味深いことに「教訓一」の諸断片の裏面には、『浄めの儀礼A』（4Q414）（第IX冊所収）のテクストが書き記されていた。写真を見ると、ところどころで裏面のインクが染み出しているのがわかる。なお、4Q414 の書体は、4Q415 とはまったく異なっている。他方、羊皮紙の表側に書かれている「教訓一」と「教訓四」の筆跡は非常によく似ており、同一人物が筆写した可能性が高い。このことから、

「教訓一」はもともと「教訓四」の一部として筆写されたが、何らかの事情によって破棄され、裏面に『浄めの儀礼A』が書かれたものと推定される。

最大の高さ（縦最大九センチメートル）をもつ第一一断片には、12行が保存されており、約一・六五センチの下の縁が残っている。欄の大きさはよくわからないが、「教訓四」（4Q418）の第一六七断片との比較照合によって、この欄の各行には五十字程度を記入するスペースがあったと推定されている。書体の分析からは、写本が制作された年代として、ハスモン朝末期からヘロデ朝初期（前一世紀中頃—後半）が推定される。

断片一第ii欄＋断片二第i欄

内容

始めの3行では三人称男性単数で語られるが、4行目以下では二人称男性単数に語りかけられている。

1［……………］すべての 2［……………］彼の業《わざ》の測定 3［……………］彼がまっとうに歩む(1)ときに 4あなたの［……］において［……………］永遠。そして 5あなたの聖なる者の種《たね》は(2)、［……］ない。［……］まことに、あなたの種は 6［……の］嗣業《しぎょう》から 5離れないでしょう。6［……………］そしてあなたは［……］の実を喜ぶでしょう。7［……………］貴い者たち(3) 8［……………］あらゆる時節にそれは花咲くであろう。9［……………］それは更新されるでしょう(4)。

保存状態

断片一は二つの小断片からなる。その第ii欄の右端の三語だけが判読できる。この欄の左端に当たるのが断片二第i欄であると考えられている。

断片二第ii欄

内容

内容はよくわからないが、契約について語っている。断片一一と同様、結婚が問題になっているのかもしれない。訳文ではわかりにくいが、ここで勧告の対象となっているのは女性である。解説参照。

[1]父のように、(5)［……］の栄光［…………］［……を］[2]取り除くな。あなたの心に、［…………］[3]終日。そして
［契］約の掟によって［…………］。[4]聖なる契約をいいかげんに扱うことのないように［…………］[5]そしてあ
なたの魂に敵対する者(6)［…………］[6]［……］まで［…………］[7]［……］の家で、(7)そしてあなたの契約によって
［…………］[8]賛美、すべての人々の［口によって］［…………］[9]［……］誕生の家から(8)［…………］

（1）別訳「完全に歩む」。神の意思に従って生活すること。創一七1、箴二八18参照。クムラン共同体文書で頻繁に用いられる表現（ダマCD II 15、共規1QS I 8, II 2等）。

（2）「種」は「子孫」の意味。「あなたの聖なる者の種」とは、「教訓」の読者である「英知ある者」（解説参照）の子孫の意味であろう。

（3）天使たちのこと。

（4）教訓四4Q418断片一二六1参照。

（5）教訓四4Q418断片八六1参照。

（6）「敵対する者」は、女性形。

（7）次の語の先頭の三字が読めることから、エゼ二一35、二九14を参照して「あなたの出身の家で」との推読が可能である。

保存状態

欄の右端の9行を含む小断片である。第二断片aは、幅が最長約六・八センチメートルあるが、中央に第i欄と第ii欄を区分する約一・三センチの余白がある。第ii欄の幅は最大三センチである。b断片は幅二・三センチの小断片で7-9行目を含む。

断片五

教訓四 4Q418 断片一七二の6-7行目と重複する。

断片六

内容

謎めいた表現ラズ・ニフヤが出てくることが注目される。2行目に教訓 4Q418 a断片七との重複がある。

1[……]人々の基《もとい》[1][…………]。2あなたは貧しい者だ。そして王[たち……][…………]3あなたの助言によ
って、あなたの貧困[…………]4起こるべきことの秘義[2]によって、これらを吟味せよ[3]、そして[…………]
5[誕生の]家[4]から、そして重さ[5]によって[…………]6[……]人々の[基][…………]7[…………]

保存状態

7行からなる小断片。但し7行目は読めない。1-6行目には二―四語が残っている。右側にかす

かに余白が見えることから欄の右端であったことがわかる。

断片七

[1][……………] [2]あなたの閂《かんぬき》、青銅(6)[……………] [3]入口(7)を強固にする。そして[……………]

保存状態

欄の右端3行からなる断片。但し、1行目は一字が読めるだけである。

断片九

内容

結婚生活に関する勧告のようである。冒頭部分は、文字通りの意味で子孫を残すようにとの勧告であろ

（8）「誕生の家」は、花嫁となる女性が誕生した家の意味か。あるいは、占星術用語かもしれない。秘義 4Q299 断片三 a ii-b の13行目および一二九頁の注（4）を参照。

（1）「基」原語ソードは、共規では「評議（会）」と訳される。「奥義」とも解釈される語。

（2）原語ラズ・ニフヤ。教訓全体の鍵となる語の一つ。解説参照。

（3）別訳「試験せよ」。本文書断片一一の13行目を参照。

（4）上段注（8）参照。

（5）別訳「量ること」「計量」。断片一一では、霊の重さが量られることが問題になっている。）教訓四 4Q418 断片七七 a、b 4 および五三頁の注（10）参照。

（6）王上四13参照。

（7）あまり確かな読みではない。

う。後半部では、男性が女性の上に立つようにと説いている。「教訓二」4Q416断片二ivと比較せよ。

[1][…………]あなたはぐずぐずする[な……][…………][2]あなたの腹①が、あなたのために孕むように、[…………][3]良い②[……]あなたは[…………][4]人々（余白）[…………][5]愚かな民を[……の]頭③と等しく扱うな。[…………][6]彼女によって④、彼は彼女を確立した。まことに彼女は[……を]堅く立てた⑤。[…………][7][女]に対する男の支配と共に、[…………][8]彼女の霊。彼女⑥を治めさせること。[…………][9]そして、これやあれやの欠乏[…………][10]そしてこれにふさわしく[…………][11]女。そして[……正しい]天秤に従って⑦、[…………][12][…………]

保存状態

縦最大七・六センチメートル、幅は6行目あたりで四・四センチある断片であるが、虫食いが激しい。右端に余白が残っていることから欄の右側であることがわかる。4行目から11行目までは各行の冒頭の語がほぼ完全に判読できる。

断片一一（+ 4Q418 断片一六七 + 4Q418a 断片一五 + 一三）

内容

テクストの欠損のために、正確な文意をとることは困難であるが、結婚をひかえた女性に関して論じていると推定される。「英知ある者たち」は、花嫁を彼女の容姿によってではなく、霊的な資質によって評価しなければならないと勧告されている。5行目以下では、花嫁の父親は、彼女の身体的な欠陥について、すべて調査しなければならないこと、それらを婚約の際に、花婿となるべき男性に知らせなければならないと勧告される。結婚後に初めて娘の欠陥が知られることになった場合には、そのことが花婿の躓きになる可能性があると述べているのであろう。11行目以下の文意は明らかではない。

1［……］あらゆる（点）における彼女の測定(8)［…………］彼らによって。まことに正しい天秤(9)に従って、［……］
2［……］彼らは［……］ならないところの(10)［……］。まことに、こちらの（天秤皿は）上がり、そしてこちらは［下がるが……］。まさにそれぞれの者が皆、彼らの重さに応じて(11)
3［エファにはエ］ファで、オメルにはオメルで［測られるのでは］ないように。(12)［……］
4［……］いっしょにではないところの［……］彼らの霊は、その容姿に従って［……］、
5［……］。英知ある者たち(13)よ、まことに、霊たちに応じて［彼らは測］られる(14)［……］。あなたは彼らの霊

（1）「妻」のことであろう。
（2）判読が困難だが、一応「良い」と読める。
（3）「頭」は、指導者の意味。
（4）前の行の女性名詞が不明なために「彼女」が何を指すのかは判然としない。
（5）「彼は規格を」とも読める。
（6）「彼女」が何を指すのかは、判然としない。
（7）本文書断片一一の冒頭（＝教訓四 4Q418 断片一六七 a ＋ b の2行目）参照。
（8）「測定」と訳した語は、出五8、三〇32、37、エゼ四五11に出る。
（9）本文書断片九11、教訓四 4Q418 断片一二七6参照。
（10）関係詞アシェルを「ところの」と訳した。
（11）ここは教訓四 4Q418 断片一五および一三に従って補う。
（12）エファは、穀物の容量単位で十オメル（約二十二リットル）。オメルはエファの十分の一。「エファにエファ」は二種類の升を使って容量をごまかす時の表現（申二五14、箴二〇10参照）。この文は、正しい秤を用いて正確に測定されると述べている。
（13）「英知ある者」は、「教訓」の聞き手を指す表現。解説参照。
（14）「彼らは測られる」は推読。ここには動詞があるように見える。

をいっしょに測った①［……］[6]彼女の［すべ］ての傷を彼のために数えなさい。②そして彼女の身体に関して［彼に］認識させなさい。③［……］[7]［……］彼女は彼にとって彼の前で躓《つまず》き④のようになるだろう。［……］暗闇⑤の中で彼がぶつかった場（合には）、それは[8]彼の躓き、また彼への打撃[7]となるだろう。[8]そして彼の怒りが［……］のうちに燃え上がる。［……］[9]重さによって彼ら⑥の霊は［……］のうちに測られる。⑦［……］[10]彼は彼女に躓かないであろう。そしてもしも［……］に彼がぶつかっても［…………］。[11]もしも、（あなたの妻が）あなたのために妊娠したときに、彼女が分かれるならば⑧、［彼女の子孫を］取りなさい。⑨［……］[12]彼女の歩みを十分に思索しなさい。⑩もしも彼女が分かれるならば［……］⑪[13]彼女の基礎をあなたは見つけられないであろう。これらによって彼女を吟味しなさい［……］⑫

保存状態

この断片は「教訓一」の中で最大のもので縦最大九センチメートル、幅は五センチ程度あるが、ところどころで破損している。下縁が明瞭に認められる。教訓四 4Q418 断片一六七との重複によって前半部がかなり補われる。さらに 4Q418a の小断片一五および一三とも重複が認められるので、これらの諸断片を照合してかなりの程度テクストが復元される。ここではテクストの行数表示は DJD に従ったが、Eibert J. C. Tigchelaar による復元テクストをも参照した。DJD が1行目としている箇所は、実際には2行以上あった可能性がある。

断片一三

[1]［…………］[2]［…………］[3]［…………］［彼の］群れに不実を働く者［…………］[4]［…………］そしてす

べてにおけるその基（13）［……………］[5]［……………］憩いの場において［……………］

保存状態

縦最大二・六センチメートル、幅二・一センチ（3行目）の小断片。1-2行目には意味がわかる語はない。

断片二四

[1]［……………］起［こるべきこと］の秘義によって［……………］[2]［……………］そして彼の霊を［……………］

（1）教訓四4Q418断片一六七によって補う。「いっしょに」と訳した表現は、「ヤハド（共同体）において」とも解釈できる。

（2）婚約に際して娘の父親が、彼女の身体的な欠陥を調べあげることを言う。

（3）「身体」と訳した語は、ここでは「身体的欠陥」の意味とも考えられる。「彼」は、花婿のことであろう。

（4）別訳「障害物」「妨げ」。

（5）「暗闇」は、ここでは文字通りの意味ではないだろう。「不正」や「欺瞞」の比喩ともとれる（詩一一2、箴四19参照）。また性交渉の場を暗示する。

（6）逐語的には「重さと共に」。

（7）別訳「確定される」。

（8）「もしも」以下は、解釈が困難である。「分かれる」は、出産に際して妻が死亡することを婉曲に表現したものか。あるいは「分娩」のことか（あるいは「帝王切開」？）。別訳「彼女の分娩に際して」。

（9）別訳「受け入れなさい」。

（10）教訓三4Q417断片三3参照。

（11）文字の判読は困難。

（12）本文書断片六4参照。

（13）原語はソード。

教訓二（4Q416）

復元事情と保存状態（4Q416）

教訓二（4QInstruction[b]）は DJD によると合計二十二の断片からなる。このうち最大のものは、断片二であって比較的保存状態がよく、四つの欄から構成される。残念ながらこの断片もところどころで破損しているが、これは古物商のカンドー（通称）が、警察の追及を逃れるためにシャツの下に隠して運んだために発生したとされている。上縁と下縁が残る断片二第ii欄の高さは約十六・二センチメートルあり、21行が書かれている。欄の幅は約十一センチ（二ii）あるいは十・七センチ（二iii）、欄と欄との間の余白の幅は、一・一―一・五センチである。各行に五十―六十文字を記入することのできるスペースがある。断片二の各欄は、4Q417 あるいは 4Q418 と内容が重複しているので、欠損部分をかなり補うことができる。以下に提示する訳文は、このようにして復元されたテクストに基づいている。翻訳にあたっては、DJD XXXIV の他に、E. J. Tigchelaar による復元テキストを参照した。

書体や綴り字の分析からは、ハスモン朝末期からヘロデ朝初期に筆写されたと推定される。但し、同時期の 4Q417 や 4Q418 よりは早いと鑑定されている。美しい楷書体で丁寧に筆写されており、マソラのものと大きくは違わないので、判読は難しくない。

断片一

（並行箇所――「教訓四」4Q418 断片一＋二＋二a＋二b＋二c＋二〇八＋二〇九＋二一二＋二一七＋二一八＋二二四＋二二九）

内容

損傷が激しいが、内容的にきわめて重要なテクストである。作品の冒頭にふさわしい壮大な宇宙論を含む黙示的終末思想を提示している。神の裁きによって悪が消滅し、真理の時が完成する。

1すべての霊［…………輝く星々］(1)。2そして彼の欲することを実現するために［…………］3定めの時(2)から定め
の時へ［…………］4彼らの軍勢にふさわしく、尺度をもって統治する(3)ために、［…………］王国から、5王国
へと、州から州へと、人から人へと［…………］6彼らの軍勢の欠乏(4)に応じて。また彼らすべての裁き、［……
……］彼らの軍勢の欠乏に応じて。また彼らすべての裁きを［…………］。7そして天の軍勢を［……の］上に彼
は確立した［……］そして光体《こうたい》(5)を8彼らの奇蹟のために、そして彼らの祭日の徴《しるし》(6)［…………］9それぞれ互いに
［告げ知らせ］、また彼らのすべての報い(7)を［……］彼らは物語る［…………］10邪悪な仕業(8)に対して、天から彼は

（1）教訓四 4Q418 断片二二九によって補う。
（2）原語モーエード。祭りの期間など、一定の期間を示す語。
（3）別訳「領域において」。
（4）「欠乏」の原語マハソールは『箴言』で合計八回用いられている語（一一24、一四23など）。教訓三 4Q417 断片二 i 17行目以下を参照。
（5）「光体」は複数形で太陽と月を表す。感謝詩 1QH IX 13参照。
（6）「奇蹟」「徴」は申命記的表現（四34、六22など）。「祭日」と訳した語はモーエードの複数形。上段注（2）参照。
（7）「報い」原語ペクダーは、応報を表す術語として、共規 1QS III 14-IV 26, 感謝詩 1QH V 27 などで用いられる。教訓での用例は多数ある（教訓三 4Q417 断片一 i 7、14等）。
（8）「仕業」と訳した語は、「礼拝」「奉仕」の意味にもとれる。「邪悪」と結合した表現は稀である。他に教訓四 4Q418 断片一二一、賢者詩 4Q511 断片一八 ii 6参照。

裁くであろう。だが、彼の真理の子ら(1)は皆、［……］に気に入られる。［……］[11]終わり。彼らは恐れおののくであろう、それによって(2)身を穢《けが》す者たち(3)は皆、泣き叫ぶであろう。まことに天は畏《おそ》れるであろう。［……］地はその場所から震える。(4)[12]海も淵も恐れおののく。そして肉なる霊(5)は皆、撲滅される。(6)そして天の子らが[13]その裁き(7)の[12]日に［……］。[13]そしてあらゆる不義は長らく終結し、真理の時が完成する。［…………］[14]永続する全時代において。まことに彼こそは真理の神、［……の］年々の往時《おうじ》より、［…………］[15]善と悪との間に義を確立するため、(8)すべての裁きを［……する］ため、［…………］[16]彼は肉の造りもの。(9)そして［……］の英知ある者たち、(10)［…………］[17]彼の被造物、まことに［…………］[18]［…………］

保存状態

かろうじて五文字が判読できる1行目からかすかに二文字が判読できる18行目まで、欄の右側が残っている。高さは最大十二・六センチメートル、横幅は最大約九センチが保存されている。この欄の右端には約三センチの余白があるが、これは通常の余白よりも大きい。このことから、この欄が巻物の冒頭部であったと推定される。特に4Q418断片一と二との重複が目立つが、4Q418の多数の断片との重複も推定されている。DJDの示す復元テクストの他にE. J. Tigchelaarの研究書をも参照して訳した。

断片二第i欄

教訓三 4Q417 断片二第i欄で扱う。

断片二第ii欄（並行箇所——「教訓三」4Q417 断片二ii、「教訓四」4Q418 断片八、一二、二一、4Q418 a 断片一九）

内容

勧告の対象となっている者は、経済的にきわめて貧しい。ここでは貨幣経済が発達した社会が前提となっていることが明らかであって、金銭の貸借に関する細々とした指示がなされている。

[1]彼の慈しみを開示した。(11)［…………］彼の資産(12)のあらゆる欠乏を満［たすために］、また[2]命あるすべてのものに[1]糧《かて》を与えるため。(13)[2]そして［…………］はない。だが、もし彼がその手を閉じるならば、(14)すべての[3]肉なるも

（1）死海文書においては、ヘブライ語の原語エメトは、旧約の場合の「真実」の意味を基礎にしながら、「真理」を意味するギリシア語のアレーテイアの概念に近づいている。解説参照。
（2）「邪悪によって」の意味。
（3）「身を穢す」は、共規 1QS IV 19 では「転がり回る」と直訳されている語と同じ。ダマ CD III 17 をも参照。
（4）教訓四 4Q418 断片二一二によって補う。
（5）「肉なる霊」という風変わりな表現は、霊的な民である選民と対照的な「邪悪な者たち」を指す。教訓三 4Q417 断片一 i 17行目以下、教訓四 4Q418 断片八一＋八一 a 2 行目を参照。感謝詩 1QH V 15, 30 などにも出る。
（6）別訳「裸にされる」。
（7）「その」は、「肉なる霊」を受ける。
（8）教訓四 4Q418 断片二の7行目は「善と悪との区別を義人に悟らせるため」と読んでいる。
（9）感謝詩 1QH XVIII 25 参照。
（10）この作品の読者を指す表現。解説参照。
（11）教訓三 4Q417 断片二 ii 2を参照せよ。この語の前が保存されている。
（12）「資産」と訳した語オートは聖書に用例がなく、その語義について論争されている。「倉」や「秘密」とする意見もある。一五頁の注（19）を参照。
（13）詩一一一5参照。
（14）申一五7参照。ここでは「彼」は神。

のの[2]霊は集められる。①[3]あなたは［……］するな。［……］それによって躓《つまず》かせる。そして彼の侮辱によって、②あなたの顔を隠すことになる。彼の愚行によって[4]囚人から、③いくらの金を利息として債主が彼に要求しようと、［……］④急いで完済しなさい。⑤そうすれば、あなたは彼と同等になる。[5]もしも、あなたの財産が収められた[4]金袋を、⑥[5]あなたの隣人のために、あなたが（信用して）債主に託したならば、それでもってあなたの全生命を与えたのだ。急いで[6]彼に[5]属する分を与えよ。[6]そしてあなたの金袋を取り返せ。そしてあなたの言葉においては、あなたの気力を減らすな。⑦あなたの聖なる霊を全財産と取り替えるな。[7]まことに［それと］等しい代価はないのだから。［……］［もしも］或る人が好意をよせてあなたの方に傾かないのならば、彼の顔色をうかがいなさい。⑧彼のことばに応じて[8]語りなさい。そうすれば、あなたの望むようになるだろう。⑨［あなた……⑩］彼につらく当たるな。あなたのための掟を棄てるな。そして、あなたの秘密によって⑪[9]あなた［自身が］[8]守られるのです。[9]もしも彼への奉仕を彼が課すならば、あなたの魂に休息を与えるな、あなたの目にまどろみを与えるな、⑫[10]彼の命令を[9]あなたがやりとげるまでは。[10]それ以上のことはするな。もしも可能ならば、注意［深くやりなさい］⑬。［……］貢納金⑭でさえ、彼には残すな⑮[11]［……］「彼が私を軽蔑した、そして［……］が落ちた」と彼が言うことのないように。［……］あなたの目を⑯［上げて］、そして見よ、[12]ひとの[11]妬みがいかに大きいかを。⑰[12]［何もの］にもまさって（ひとの）心の頑固なことを。⑱［……］もしも彼の好意をえて、彼への奉仕にあなたが励むなら、また彼の資産の知恵⑲[13]［……］あなたは彼に助言しなさい。そうすれば、あなたは彼にとって長子となるであろう。人が彼の一人子に対するように、彼はあなたに対して憐れみ深くなるであろう。[14]［……］まことに、あなたは彼の僕《しもべ》であって、彼に［選ば］れた者⑳なのだ。だが、あなたは信用するな、あなたが憎まれないように。㉑あなたの税を取り立てる者㉒のために見張りをす

（1）「集められる」は、死んで冥府に入るの意味であろう。

（2）「彼の罵りによって」の意味か。

（3）「囚人から」と訳した語をどう解釈すべきかはわからない。

（4）教訓三 4Q417 断片二iiから、このあたりを復元するが、数語が欠けているために正確な意味がわからない。

（5）負債を急いで返済せよとの勧告は、教訓三 4Q417 断片二i 21行目以下にも出る。ベン・シラ二九2後半–3参照。

（6）意訳した。直訳「あなたの隠されたものの袋」。「隠されたもの」は、「財宝」を意味する。「金袋」を「杯」と読む者もいる。ここは「あなたの隠された杯」とも読めるが文脈に合わない。

（7）隣人の保証人になった時の危険性については、箴六1–5、ベン・シラ二九14以下参照。不適切な金の貸し方や保証の仕方については、ベン・シラ八12以下をも参照。

（8）「好意をよせて」ないし「好意をもって」は、後ろの文節「彼の顔色をうかがいなさい」に属するのかもしれない。

（9）「望み」と解釈できる語ヘフェツの意味は、死海文書では多義的である。別訳「そうすればあなたの仕事はうまくいく」。

（10）並行する教訓三 4Q417 断片二ii 11行目から「あなたの恥から」と読める語が補われる。「あなたが恥をかかされたことによって」の意味か。

（11）「秘密」の原語ラズは、死海文書では通常、神の秘義の意味で用いられるので、「あなたの秘密」が何を意味するのか判然としないが、おそらく世俗的な意味であろう。ベン・シラ八17以下参照。

（12）箴六4、詩一三二4参照。

（13）動詞 *šnʾ* を推定する。幸い 4Q525 断片五13、教訓類B 4Q424 断片一6参照。

（14）確かな訳語ではない。別訳「……なしの金」。

（15）このあたりは欠損部が大きすぎて意味をとるのは困難である。別訳「彼のために過剰に……するな」、「彼の上位に立とうとするな」。

（16）文字を判読するのは困難。

（17）コヘ四4参照。

（18）エレ一七9前半からの引用と判断した。

（19）「彼の資産の知恵」とは、仕えている主人の重要な資産の管理のことを意味するのかもしれない。文脈からすると、そのような「資産の管理をあなたに託すことになる」と述べているようである。

（20）確かな推読ではない。

（21）解釈困難な箇所。別訳「あなたが憎んでいることに関しては、あなたは信用するな」。

（22）原語マドヘバーは、イザ一四4で「虐げる者」と訳される語と同義的に使われている語義不詳の語（新共同訳では「抑圧」）。「虐げる者」は直訳すると「駆り立てる者」、つまり税を取り立てる者と解釈することができる。別訳「あなたを抑圧する者」。マドヘバーは死海文書では七回用例がある。感謝詩 1QH XI 26 では「破滅」と関連している。教訓四 4Q418 断片一七六3参照。

るな。[15]彼に対しては賢明な僕のようになりなさい。さらにまた、あなたと同等ではない者に対して卑屈な態度を取るな。(1) そうすれば、あなたは[16]彼に対して父と[15]なるであろう。[16][……]あなたの力の及ばない者には、(2)接触するな。(3)（それは）あなたが躓《つまず》いて、あなたの恥辱があまりにも大きくならないためだ。[17]あなたの身を(4)金銭で売るな。あなたが霊における僕(5)となり、あなたを抑圧する者たちに無報酬で奉仕するのはよい。しかし、代価をもって[18]あなたの名誉を売るな。(6)あなたの嗣業《しぎょう》で彼を保証するな。(7)（それは）あなたの身体を売り払ってしまわないためだ。パンで満腹するな。[19]（余白）衣服がないのに、葡萄酒を飲むな。食物(8)がないのに、快楽(9)を求めるな。そして、あなたが[20]（余白）パンにも欠乏していて、あなたが貧乏であるときに、あなたの貧しさのことでうぬぼれてはならない。(10)（それは）[21]（余白）あなたの命を軽視することのないためだ。またさらに、あなたの懐の器(11)を軽んじるな。

保存状態

高さ十六・二センチメートル、幅約十一センチの欄に21行が書かれていた。下縁は明瞭に残っているが、下2行の前半部分には最初から大きな穴があいていた。上縁はわずかに残っている。1–18行目の各行には五十―六十文字分の記入スペースがある。16行目までは、大きく欠損している部分があるが、並行する他の諸断片によって、本文をかなり復元することができる。

断片二第iii欄（並行箇所――教訓三 4Q417 断片二ii、教訓四 4Q418 断片九、一〇）

内容

貧しさの中に生きる者たちに対して、供託金を受け取ったときの心構えについて語り、父母を敬い、妻と共に歩めと勧告する。このような生活上の具体的な指示が、「起こるべきことの秘義」（ラズ・ニフヤ）

との関連で、また終末論的希望との関連で語られるのが特徴的である。

1そして、すべての［…………］あなたの［……］2あなたは貧しいことを覚えよ。［…………］そしてあなたに欠乏しているものを、3あなたは見つけてはならない。(12) そしてあなたの不実によって、あなたは［…………］あ

（1）直訳「あなたの魂を低くするな」。

（2）直訳「あなたの力ではない者」。女性のことを言っている可能性がある。

（3）「打つな」とも解釈できる。その場合、女性、特に妻に暴力を振るうな、と言っていることになる。

（4）別訳「あなたの魂を」。ここでは負債を返すために自分の体を奴隷にして売ってしまうことを指すと解釈。

（5）「霊における」と読んだ表現は、「逃げて行く」とも読める。そうすると「逃亡奴隷」の意味になる。しかし、ここは実際の奴隷ではなくて、「心の貧しい者」（マタ五3）のような比喩的な意味で言っているのだろう。つまり、拘束されない状態での奉仕なら差支えないと言っているのであろう。

（6）「名誉」原語カーボードは、「自分自身」の意味か、あるいは嗣業としての土地のような「富」の意味か。おそらく「奴隷として身を売るな」の意味。

（7）ここと並行する教訓三4Q417断片二iiでは「彼を」はなく、「金銭の保証をするな」となっている。

（8）ここでは「パン」ではなしに「食べるもの」という表現になっている。

（9）箴一九10、ミカ二9、ベン・シラ一一27参照。

（10）清貧が一つの徳と考えられると、そこに精神的に高慢な態度が生じることになりかねない。

（11）おそらく「妻」のこと。Ｉテサ四4で「妻」を「自分の道具」ないし「自分の器」と表現していることに注意。「あなたの懐の」に関しては、申一三7、二八56参照。

（12）ひとまず「足るを知れ」の意味にとることができる。「見つける」と訳した動詞 מצא（*mṣʾ*）の意味の範囲がきわめて大きいために、文意をとるのは困難である。この動詞は、カル形で用いられているとは限らない。ニファル形だとすると、受動的な意味になり、主語が「あなたの欠乏」になる。別訳「あなたに欠乏しているものは、見出されないであろう」。

なたに対して供託(1)がなされたら、[4]あなたの手をそれへと伸ばすな、さもないとあなたは焦がされて、(2)彼(3)の火であなたの身体が焼かれるだろう。あなたはそれを受け[取ったま]まに、それを返却しなさい。[5]そして、あなたは喜び（余白）なさい、もしもそれからあなたが免除されて(4)いるなら。またさらに、あなたの知らない誰からも金(5)を受け取ってはならない。[6]さもないと、あなたの貧困は増すであろう。しかし、もし彼がそれを死ぬまであなたの頭に置くのならば(6)、それに責任を持ちなさい。だが、あなたの霊は[7]それによって[6]滅ぼされるな。(7)[7]そうすれば、あなたは真理と共に伏すであろう。(8)そして、あなたが死ぬときには、あなたの記憶が永遠に花咲くであろう。(9)そして、あなたの最期に[8]喜びを[7]受け継ぐであろう。(10)[8]（余白）あなたは、貧しい者だ。あなたの嗣業以外には欲しがるな。それによって混乱するな、[9]あなたの境界線を[8]ずらすことのないように。(11)[9]また、彼があなたを栄光へと回復するならば(12)、その中を歩みなさい。そして、起こるべきことの秘義(13)によって、彼の誕生を探求しなさい。(14)そうすれば、[10]彼の嗣業を[9]あなたは知るであろう。[10]義のうちを歩みなさい。まことに、神はあなたのすべての道において、彼の姿(15)を輝かせてくださる。あなたを栄化《えいか》する方《かた》に栄誉を帰しなさい。[11]彼の名を絶えず賞め讃えよ。まことに、貧困から彼はあなたの頭を上げてくださる。(16)そして、貴い者たち(17)と共に、彼はあなたを座せしめる。そして、あなたに[12]栄光ある[11]嗣業を[12]治めさせるであろう。絶えず、彼の好意(18)を求めよ。（余白）あなたは貧しい者だ。「私は乏しい。それで[13]私は知識を探求でき[12]ない」と言うな。(19)[13]あなたの双肩にあらゆる教訓を運ばせよ。そして、あらゆる[知識を]もって、また[14]あなたの思慮の[13]大いなる英知をもって、あなたの心を浄化しなさい。(20)[14]起こるべきことの秘義を探求し、あらゆる真理の道(21)について思索しなさい。そしてあらゆる不義の根源(22)を[15]注視しなさい。そうすれば、あなたは知るであろう、何がひとに苦いかを、ますら男には何が甘いかを。(23)あなたの父を重んじなさい。(24)[16]あなたの母をあなたの歩み(25)の中で（重んじなさい）。まことに、ひとにとって彼の父は、まさに神(26)のようなものだ。そして、ますら男にとって、彼の母はまさに主(27)のようなものだ。まことに[17]彼ら

（1）「供託」と訳した語は、動詞 *pqd* のカル分詞、あるいはプアル完了形。文脈から「供託」ないし「預金」の意味と推定される。
（2）箴六28、イザ四三2参照。
（3）「彼」は、人ではなくて、「供託されたもの」の意味かもしれない。
（4）おそらく「負債から」の意味。
（5）原語ホーン。通常「富」「財産」と訳される語。
（6）意味不明の表現。「頭」と訳した語は、「貧困」の意味かもしれない（死海文書では、しばしば両者が同じように綴られる）。また動詞と解釈して「置く」と訳した語は、「彼の名」かもしれない。「頭」であるとすると、エゼ一一21、一六43を参照して「責任」つまりここでは「裁量」の意味にとることもできる。別訳「しかし、もし彼がそれをあなたの自由裁量のもとに置くならば」。
（7）死後の問題について語っているらしい。
（8）「……と共に伏す（＝寝る）」は、性的な暗示を含む表現をわざと比喩的に用いたのか。あるいは単に「信仰を抱いて死ぬ」の意味か。
（9）ベン・シラ四九10参照。「記憶」は「名声」の意味。
（10）「最期」の原語はアハリート。別訳「将来」「結末」（詩三七37以下、エレ三一17、箴二四14など）。ここでは「死ぬとき」と並行して用いられているが、この文全体は、おそらく死後の希望とも関係する。
（11）「地境をずらすな」との勧告は、箴二二28、二三10でなされているが、ここでは比喩的に用いられ、「法を犯すな」の意味。
（12）「回復する」と解した動詞は、「座せしめる」と読むことも可能。
（13）原語ラズ・ニフヤは、教訓全体の鍵語。解説参照。
（14）「誕生」の原語モーラドは、おそらく占星術用語。人が誕生したときの占星術的な徴が問題。ホロ 4Q186 断片一ii8行目、教訓三 4Q417 断片二i11行目参照。
（15）「姿」は推読。綴りの途中が欠損。
（16）詩三4、一一〇7参照。教訓四 4Q418 断片一二六ii7および七一頁の注（9）をも参照。
（17）天使たちのこと。
（18）「好意」原語ラツォーン。別訳「意思」。
（19）「……と言うな」は、知恵文学で頻繁に用いられる表現（箴三28、二〇22、二四29、ベン・シラ五1、3以下、6、一一23以下等）。
（20）精錬の比喩。別訳「試みよ」。詩二六2参照。
（21）共規 1QS IV 17 を参照。
（22）「不義の根源」と対照的な「知恵の根源」秘義 4Q300 断片一b3、「英知の根源」教訓四 4Q418 断片五五9、秘義 4Q301 断片一2参照。
（23）「苦い」と「甘い」の比喩的用例として、イザ五20参照。
（24）モーセの十戒（出二〇12）を意識した表現。

はあなたを孕んだ坩堝《るつぼ》[1]なのだ。そして、彼[2]は、彼らにあなたを支配させることとし、霊によって（あなたを）形造った[3]のだから、彼らに仕えなさい。18そして、起こるべきことの秘義によって、[4]あなたの耳を彼が開くときに[5]、あなた自身の栄光のために、彼らを重んじなさい。彼らの面前で、19あなたの命とあなたの長寿のために、[6]18栄誉を［……］。19（余白）もしもあなたが乏しいのなら［……］20掟なしに。（余白）あなたが貧困のうちに妻を娶《めと》ったならば、［彼女の］子孫を受け入れよ。[7]［……］21起こるべきことの秘義から、あなたが共に結び合ったときには、あなたの肉親である助け手と[8]共に歩みなさい。［……］

保存状態

欄の上縁と1行目はほとんど存在しないが、下縁は右側が半分ほど残っている。第ii欄とほぼ同じ大きさで、各行には五十―六十文字分の記入スペースがある。1-3行目の本文全体を復元することは困難である（4Q417 断片二ii との重複は1行目の一語のみ）。4-18行目の本文はよく保存されている上に、判読困難な文字も並行する写本（4Q418 断片九、一〇）との照合によって確認できる。19行目以下は、各行の左端が数語ずつ欠けている。

断片二第iv欄（並行箇所――教訓四 4Q418 断片一〇、教訓 4Q418a 断片一八）

内容

結婚生活に関する勧告である。結婚によって妻となる女性は、父親の支配を離れて、夫の支配領域に入ることが強調される。

1彼の父［と］母とを。[9]そして、彼の妻にくっつ［き、一つの肉となる］。[10] 2彼は、あなたが彼女を治めるように定めた。[11]そしてあなたは［…………］［彼女の父が］3彼女を治めるようには定めなかった。彼女の母から、彼は彼女を離した。そして、あなたの方に［彼女は心を向ける。[12]そして、彼女は］4あなたのものと［なり］、一つの肉となる。[13]彼は、あなたの娘を他人のもとへと引き離すだろう。そして、あなたの息子たちは［あなたの隣人の娘たちへと。］5そして、あなたは、あなたの懐の妻[14]といっしょになる。まことに、彼女は［あなたのは］だかの肉[15]なのだ。

（25）「歩み」*mṣʿd* = מצעד と「乏しさ」ないし「貧困」*mṣʿr* = מצער は、綴りが類似している。「乏しさ」の誤記かもしれない。

（26）4Q416 の本文では「父」*ʾb* = אב となっているが、並行する教訓四 4Q418 断片九では「神」*ʾl* = אל となっている。

（27）「主」は、複数形。これは「神」エローヒームが文法的に複数形になっているのに倣った表現で、人間の「主人」とは区別している。

（1）「坩堝」は「胎」のこと。感謝詩 1QH XI の9, 11, 13行目参照。

（2）「神」のこと。

（3）この箇所は写本が毀損していて、文字の判読が困難。

（4）別訳「秘義へと」。

（5）「彼」は神のこと。「耳を開く」は、「告げる」の意味で聖書ではよく用いられる表現。サム上九15、サム下七27、ヨブ三三16、三六10では主語が「神」である。

（6）逐語的には「あなたの日々の長さのために」。出二〇12参照。

（7）教訓一 4Q415 断片一一 11参照。

（8）「妻」のこと。創二18を意識した表現。

（9）次の文と共に、創二24「それゆえ、男は彼の父と母とを見棄てて、彼の妻にくっつき、一つの肉となる」からの引用と思われる。

（10）「一つの肉と」は、教訓四 4Q418 断片一〇の5行目によって補われる。

（11）「彼」は神を意味する。夫が妻を支配することをいう。

（12）「彼女は心を向ける」は推読。創三16を参照して「彼女はお前を慕い求める」を推定する者もいる。

（13）創二24参照。

（14）申一三7、二八54に見られる表現。

[6]そして、あなた以外の者で、彼女を支配しようとする者は、彼の命《いのち》の地境を移すことになる。①［彼女の霊］に対する。[7]権限を彼はあなたに与えた。（それは）あなたの望むところに従って歩み、誓願や自発的な献げ物②をやたらに増やさないためである。[8]あなたの霊③をあなたの望むところに向けよ。そして、誓願を果たそうとして、彼女を拘束することになったすべての誓いのことばは、[9]あなたの口の発言（だけ）によって取り消される。④そして、あなたの望みによって、[10]あなたの唇で。[9]［発言を行うことを］禁止せよ。⑤[10]あなた自身のために、彼女に［……を］赦しなさい。あなたは［貧困を増］大させるな。［……］[11]あなたの栄誉、あなたの嗣業のうちに［…………］[12]あなたの嗣業のうちに［……］しないように。［……］[13]あなたの懐の妻、そして恥［…………］[14-15]［…………］

保存状態

断片二の左側の端に当たる上縁の一部と1–14行目の欄の右側を含む。但し、14行目で文字が推定できるのは二字だけである。この欄は全体に非常に暗いために肉眼ではほとんど読めない。しかし、赤外線写真によって判読可能になった。

断片三

内容

欄の中央の7行からなる断片である。但し、7行目の文字は上の端だけしか見えない。神による応報について論じている。

[1]［…………］あなたの平安。そして、あなたの嗣業《しぎょう》において［…………］[2]［……］まことに、彼⑥からすべての

生ける者の嗣業が（くる）。そして、彼の手によって報［いが……］3［……］邪悪（な者）が消滅するまで、あなたは休むな。まことに、いかなる時［代］にも、憤怒が［……］4［……］艱難《かんなん》は滅びない。(7) まことに神の慈しみは大きい。そして、［……の］時がない。(8)［……］5［…………］あなたの名を大いに賞めよ［…………］6［…………］のすべてにおいて［…………］7［…………］の軍勢によって［…………］

断片四

内容　応報について語っているらしい。

1憤怒［の時］。まことに、彼は［……を］愛する［…………］2憤激。まことに、彼らに対して炉が燃え盛る(9)［…

(15) 意味のよくわからない表現。「はだか」は「陰部」の婉曲表現か。妻を性的に支配することを言うのか。

---

(1) 他者の支配領域を侵害することを比喩的に表現したもの。
(2) 和解の供犠の一種。レビ七16、二二23参照。
(3) 「彼女の霊を」の誤記かもしれない。
(4) 民三〇7-9、11-16の規定を参照せよ。
(5) 「あなたの唇」は、おそらく「彼女の唇」の誤記。欠損部があるために文意が明瞭ではないが、妻が軽率に誓いの言葉を口にすることのないように管理せよ、と勧告していると解釈される。
(6) 神のこと。
(7) 「滅びない」と訳した部分は、文字の上がかすかに残るだけであり、推読。
(8) 別訳「果てがない」。「彼（＝神）の慈愛には果てがない」との推読も可能。
(9) 別訳「炉が吹かれる」。

……]。3 しかし、あなたは英知ある者①、真実の嗣業②を喜びなさい③、そして[……]

保存状態

下縁と欄の最後の3行の一部だけを含む小断片である。2-3行目の右に余白があるので、欄の右端であることがわかる。

断片七

教訓四 4Q418 断片七七と重複。該当箇所を参照。

断片一七

1 [……] 2 [……] あなたのご意思④ 3 [……] 起こるべきことの[秘]義⑤(余白)そして知れ 4-5 [……
……]

保存状態

縦最大三・二センチメートル、幅四・三センチの小断片。左側に幅一・四センチの余白があり、欄の左端であることがわかる。残されている文字が不明瞭なために2-3行目にしか意味のとれる語はない。

断片一八

1 [……] 2 [……] と彼の舌の実り⑥ 3 [……] あなたが入るときに[……]

4 [……………]彼らの行い[……………]

保存状態

4行が残る小断片。下縁が三角形で残る。1行目に判読できる文字はない

（1）「教訓」の聴き手を指す表現。解説参照。

（2）「本当の嗣業」という意味か、「真理という嗣業」の意味か、正確な意味は不明。

（3）新しい段落を導入する。「しかし、あなたは英知ある者」という定型の後に命令形がくる例としては、教訓三4Q417断片一i14、18を参照。

（4）原語はラツォーン。別訳「ご好意」。

（5）原語ラズ・ニフヤ。「教訓」全体の鍵語。解説参照。

（6）「彼の」は確かではない。この比喩については、箴一八21を参照。感謝詩1QH IX 30「唇の実り」をも参照。

教訓三（4Q417）

復元事情と保存状態

教訓三（4QInstrnction°）はDJDによると合計二十九の断片からなる。よくなめされた薄い皮に筆写されているが、インクが滲んでいたり、表面が剝離したりしているためにところどころに判読困難な箇所がある。断片一と二は大きな断片であって、これらから元の巻物の姿が推定される。巻物の高さは断片一で約十九センチメートル、断片二で十九・五センチが残っている。元来、二十―二十一センチあったのだろう。上下の縁の幅は一・五センチ程度であったと推定される。各欄には27―28行が記され、各行の長さは十二センチ程度で、語と語との間のスペースを除いて、四十五―五十字程度を記入している。書体からは、ヘロデ朝初期に筆写されたと推定される。丁寧に筆写されているので、比較的保存状態がよい断片二第i欄の場合は判読が困難ではない。

内容

ラズ・ニフヤ（起こるべきことの秘義）の探求について語っているきわめて重要なテクストであり、その解釈をめぐってさまざまな議論が巻き起こっている。この秘義は、探求や瞑想の対象であるばかりでなく、注視の対象ともされていることが注目される。15行目の「セトの息子たち」、16行目の「エノシュ」とは誰のことなのか。16行目の「ハグの幻」とは何のことなのか。これが天上に存在する『記録の巻物』

断片一第i欄（並行箇所――教訓四4Q418断片四三、断片四四、断片四五第i欄、教訓418a断片一一）

と関係する黙示的表象であることはわかるが、それ以上のことはよくわからない。なお、「セトの息子たち」は、『戦いの巻物』（1QM XI 6）や『ダマスコ文書』（CD VII 21）でも言及されており、両文書との比較が必要である。

1［しかし］あなたは、英［知］ある者(1)［…………］2［……］を注視せよ。(2)［そして］畏《おそ》れられている者たちの神の、
驚くべき秘義(3)を洞察しなさい。［……］の始め。3［……］そして、起こるべきことの秘義を注視せよ。(4)また、往時《おうじ》
の業《わざ》を、何のために起こるのかを、また何が起こるのかを。(5)4何によって［……］［永］遠［……］。何のために5起
こっているのか。(6)また、何が起こるのか。(7)何によって［……］あらゆる［……］業《わざ》、そして6［……］5の業、6昼間
も夜も、起こるべきことの秘義を思い巡らせ。(8)［そして］常に（それを）探求せよ。そうすればあなたは、真実と

（1）この文書全体が「英知ある者」（メーヴィーン）への語りかけとなっている。解説参照。なお、この行の上は余白になっているようにも見える。そうだとすると、ここが『教訓』全体の冒頭であるとの推測も可能である。

（2）文字の判読は困難。「注視せよ」の目的語が、「神の驚くべき秘義」であると解釈することもできる。

（3）「畏れられている者たち」とは、「天使たち」を指す（安息歌 4Q400 一i2＝『安息日供犠の歌』一i20の「畏れられている」第Ⅸ冊『儀礼文書』一一六頁を参照）。この箇所は「神の不思議の畏るべき秘義」と解釈することもできる。

（4）「起こるべきことの秘義」ラズ・ニフヤは、探求や洞察の対象であるばかりでなく、注視するべきものとされていることに注意せよ。解説参照。

（5）「往時の業」と並べられていることから、ここでは原語ニフヤが将来に起こるべきことを意味すると解釈される。

（6）動詞ハーヤーの分詞形が用いられている。

（7）原語ニフヤは、将来起こるべきことの意味であろう。教訓四 4Q418 断片一二三ii を参照。

（8）ここで用いられている動詞ハーガーは「口ずさむ」ではなく、「思い巡らす」の意味であろう。詩一2「昼も夜も思い巡らす」を参照。ヨシ一8をも参照。

不義、知恵と7［愚かさ］を6知るようになる。7彼らのあらゆる道における［あらゆる］業を、あなたは［……］ようになる。あらゆる永遠の時における、彼らの報いと共に、また8とこしえの7報い（と共に）。8こうしてあなたは、［彼らの］仕業に応じて、善と［悪の］区別を知るようになる。まことに、知識の神(1)は、真理の基《もとい》(2)。そして、起こるべきことの秘義によって、9その礎《いしずえ》を解き明かした(3)。そして、その業、［……あらゆる知］恵をもって、またあらゆる［聡］明さをもって彼はそれを形成した。そして、その働きの支配は、10あらゆる［……］に。なぜ、そしてすべての［……］(4)彼は、すべての［被造］物に（与えられた）彼らの英知に（対して）、11彼らの英知の本性(5)によって10（いかに）歩むべきかを、［解き］明かした。11そして、彼は［ひと］に［……］を解き明かすであろう。そして、英知の力量(6)によって、12彼の計画11の秘［密］は知ら［れる］であろう。12彼のすべての行いにおいて、［まっ］とうに彼が歩んだことと共に。それらを常に探し求めよ(7)。［あらゆる］13彼らの帰結(8)12について省察しなさい。13そうすれば、あなたは、彼の驚くべき秘義と彼の業の大能《たいのう》と［共に］、［彼の力］ある栄光について知るであろう。しかしあなたは、14英知ある者(9)、あなたの報酬を受け継ぎなさい(10)、［時］を覚えることによって(11)、まことにそれは来《きた》るのだ。掟(12)は彫り込まれている(13)。また、すべての応報は刻み込まれている(14)。15まことに、セトの息子たち(15)［……］のあらゆる［不］義に対して、神に定められたことが彫り込まれている。16彼の言葉を守るものたちには、15彼の前で記録の巻物(16)が書き記されている。16そしてそれこそが、記録の巻物に関するハグの幻(17)なのだ。霊的な民と共にエノシュに彼はそれを継承した(18)。まことに17彼の本性は、聖なる者たちの型によるもの(19)。だが、肉なる霊(20)にはハグはまだ与え

（1）サム上二3参照。さらに感謝詩1QH IX 28, XX 13参照。

（2）別訳「真実の奥義」。感謝詩 1QH に頻出する表現（IX 29, XIII 11など）。

（3）「その礎」は、「真理の礎」の意味。「解き明かす」の意味に解した語は、パーラシュ「解き明かす」ともパーラス「展開する」とも読める。

（4）この行の前半は、写本のインクが消えていて文字が判読困難である。

（5）「本性」原語イェーツェルは、感謝詩に頻出する語で「造りもの」とも訳される。「衝動」「傾向」の意味もある。

（6）「力量」の原語コーシェルは、聖書に用例のない語（動詞 *kšr* は、『コーヘレト書』などに若干の用例がある）、正確な意味は不明。死海文書では他に教訓三 4Q417 断片二 i 2 行目など合計四回出る。

（7）動詞「探し求める」（*šḥr*）は、箴一28、八17などで用いられている。

（8）原語トーツァオートは聖書では、出発点（箴四23）、境界の端（ヨシ一五4など多数）のような意味で用いられるが、死海文書では「帰結」の意味（正義道 4Q420 断片一 ii 4 行目など）。

（9）別訳「しかし、なんじ、英知ある者よ」。この『教訓』ではこのような呼びかけによって新しい段落が始まる。

（10）動詞「受け継ぐ」の命令形として訳した語は、名詞「貧困」の可能性がある。つまり、別訳「貧困は、お前の報酬なのだ」も考えられる。拙訳は、終末における裁きに関連するものと解する。

（11）「時」と推読した箇所は、写本のインクがほとんど消えていて、判読できない。他に「(神の)力」「平安」などと読む提案もある。別訳「時の記録によって」。

（12）写本には、元来「あなたの掟」とあったが、後に「掟」ないし「定め」（定冠詞付き）に訂正された形跡がある。

（13）動詞「彫り込む」（*ḥrt*）は、聖書では、十戒が彫り込まれた二枚の石の板に関して、ここと同じ受動分詞で出三二16で用いられているだけである。しかしここでは、十戒との直接的な関係はないと思われる。

（14）「記録の巻物」に書き記されているのであろう。後注（16）参照。

（15）人名「セト」は、おそらく大洪水以前の系図に出る父祖のセトではなく、モアブとの関連において民二四17で言及されている「セト」であろう。終末において罰せられることになる邪悪な者を意味すると思われる。

（16）マラ三16参照。エス六1によると、ペルシアの大王の宮廷には「日々の出来事の記録書」があった。この時代に天上にも各人の行動を記録した巻物が存在するとの観念が発生したのであろう。天上の巻物や石の板に関しては、ダニ七10、一〇21、一二1、エチ・エノク四七3、八一1以下、八九70、九三2等、ヨベ六29以下、一五25、一六3等参照。

（17）「ハグ」は、6行目で「思い巡らす」と訳した動詞 *hgh* からの派生語。ここは直訳すると「瞑想の幻」。

（18）「エノシュ」は、大洪水以前の父祖エノシュを指すのか、「人類」一般を指すのかは不明。聖書の「アダム」に相当する表現であるとも考えられる。この場合のアダムは、天使的知識の所有者。「継承した」ないし「伝えた」の主語については、この動詞の語尾が写本では判読困難であるこ

られなかった。まことに彼は[18]善と悪との[17]区別を知らない。(1) [18]彼の霊の裁きに従って［……］。（余白）しかしあなたは、英知ある息子、起こるべきことの秘義を（余白）注視せよ。(2) そして、知れ、[19]生ける者すべての［……］を。そして［……］の行いに任じられている彼の歩み［……］[20]多数と少数との間（の区別）(3)を理［解せよ］。そして、あなたがたの評議会において［…………］[21]［……］起こるべきことの秘義によって［…………］[22]［……］あらゆる知識の幻。そしてすべての［……］において［……］[23]常に強くあれ。そして、不正（を働くこと）によって思い煩うな。(4)［…………］[24]彼はそれによって、その手を清めることはない。その中の彼の嗣業《しぎょう》(5)［……］[25]賢明な息子よ。(6)あなたの秘義と［……の］礎《いしずえ》とについて思索しなさい。［……］[26]それがあなたのうちに基礎づけられるときに［……］の報酬と共に［……］[27]あなたたちの心とあなたたちの目に惑わされるな(7)［……］

保存状態

27行を含む大きな断片である。下縁は明確に認められるが、上縁が残っているかどうかは明確ではない。上縁があるのだとすると、内容から判断してここが『教訓』全体の冒頭部である可能性が出てくる。5行目まではほとんど残っていないが、教訓四 4Q418 断片四三によってかなり補われる。8行目から18行目までに大きな欠損はないが、インクの残り方が悪いためにところどころに判読困難な箇所がある。19行目以下は虫食いのある欄の右半分しか残っていない。教訓四 4Q418 断片四三、断片四四、断片四五第i欄および教訓 4Q418a 断片一一に並行する箇所が存在するので、欠損部をかなり補うことができる。

断片一第ii欄

内容

「起こるべきことの秘義」が神への賛美との関連で語られている前半と、誘惑に陥るなとの勧告を含む後半からなる。

1-2［…………］3起こるべきことの秘義[8]によって、［…………］4への慰め［…………］5まっとうに歩みなさい[9]

［…………］6彼の名を祝せ［…………］7あなたの喜びから［…………］8神の慈しみは偉大［…………］9

神を賞め讃えよ。そして、あらゆる打撃[10]にもかかわらず、［彼の名を］祝せ、［…………］10そして、彼の意思[11]に

ともあって確定できない。三人称複数の可能性もある。

「霊的な民」は「肉なる霊」と対照的な選民。

（19）「聖なる者たち」は天使のこと。「型」出二五9参照。申四16-18などでは偶像に用いられる表現。「天使たちの似姿に」の意味か。

（20）「肉なる霊」は「霊的な民」である選民と対照的な邪悪な者たちを指す。感謝詩にもよく出る表現。

（1）「彼」は、おそらく「肉なる霊」を指す。但し、「霊」ルーアッハはふつう女性名詞。この文からハグは、倫理的行為に関係することがわかる。

（2）二七頁の注（4）参照。

（3）民二六56と同じ表現。そこから「嗣業」に関する表現ではないかと推定される。

（4）ここの動詞を「触れる」と読む者もいる。別訳「不正に触れるな」。

（5）文節の切れ目が判然としないためもあって、別の解釈も可能である。別訳「それによっては、罰を受けずにはおられないだろう。その中の嗣業に従って」。

（6）「英知ある者」の言い換えか。

（7）民一五39からの引用。直訳「あなたたちの心と、あなたたちの目に従ってじろじろ見るな」。

（8）原語ラズ・ニフヤ。解説参照。

（9）教訓一4Q415断片一ii＋断片二i3と三頁の注（1）参照。

（10）「疫病」の意味か。

（11）原語ラツォーン。別訳「好意」「恩寵」「御旨」。

よって、それらはなった①。そして彼こそは、英知ある者②。［…………］[11]彼は、あなたのすべての行い③に報いるで
あろう［…………］[12]悪しき衝動による企て④が、あなたを誘惑しないように。［…………］[13]あなたは真理へと
[12]［……を］[13]探求しなさい。［……］があなたを誘惑しないように［……］[14]肉的な分別知⑤によってではなく。あな
たがよろめかないように［…………］[15]［……を］はかりなさい⑥［……］［「……」］と言うな⑦。［……］[16]そのように
［…………］

保存状態

第i欄と約一・五センチメートルの余白を空けて繋がっている断片である。欄の右側3行目から16行目までが判読可能な状態で残っている。12-14行目では四―五語が残っている。2行目に当たる部分もかすかに見えるが文字は読めない。

断片二第i欄＋断片二六（並行箇所――教訓二 4Q416 断片二第i欄、教訓四 4Q418 断片7a＋b、教訓 4Q418a 断片二二）

内容

前半部では隣人との付き合い方について語っている。後半部では貧困に陥っている読者に対して生活上の細々とした勧告を行っている。借金をした場合には、すぐに返してしまうことを強く勧める。

[1]いかなる時にも、彼があなたに誓わせること⑧がないように。彼の霊に応じて、彼に対して語りなさい。彼があな
たを憎むことがないように。そしてまた⑨［……］[2]成功者⑩を叱責することをせずに、彼を大目に見なさい⑪。［……］
の時に咎《とが》に縛られている者⑫。［……］[3]彼の精神を混乱させるな。まことに、沈黙のうちに⑬、あなたは語りなさい。

［……］ 4 そして彼に対する訓戒を急いで物語りなさい。しかしあなたの過失は、見過ごしてはならない。［……］ 5
彼はあなたのように義とするであろう。まことに彼こそは[14]［君］主の中の君主[15]である。そして［……］と共に［……
を］[16] 6 彼は行うであろう。まことに、彼はすべての業において何と特異であることか[17]、［……］しないように。［…
…］ 7 （余白）不正な人を助け手だと勘違いするな。そしてさらに、［あなたの隣人の中に］敵がいないようにせよ。

（1）別訳「それらは起こった」。
（2）このあたりの「彼」は、神の意味である。「英知ある者」原語メーヴィーンについては解説参照。ここでは神が意味上の主語であるから「……を悟らせる者」「……に悟りを与える者」の意味かもしれない。
（3）字義通りには「道」。
（4）別訳「邪悪な性向のはかりごと」。創六5と類似する表現。ダマ CD II 16、幸い 4Q525 断片七4をも参照。
（5）「分別知」と訳した語（ネボノート？）は、ナボーンからの派生語（女性名詞ネボーナーの複数形？）。死海文書では他には単数形のネボーナー（「識別力」と訳す）が賢者詩 4Q511 断片二 i 7に一度出てくるだけ。
（6）この動詞の意味の範囲は大きいので正確な意味は不明。また二人称男性単数か三人称女性単数かも不明。
（7）教訓二 4Q416 断片二 iii 12と一九頁の注（19）参照。
（8）ここの動詞を「満足させる」と読むこともできる。
（9）「彼があなたを憎むこと」。「そしてまた」は、合成した断片二六により補う。
（10）本文書断片一 i 11で「力量」と訳した語と同じ。二九頁の注（6）参照。別訳「貴人」。
（11）アモ七8、八2参照。別訳「見過ごしなさい」。
（12）合成した断片二六により補う。
（13）「静かに」の意味。
（14）写本には「まことに彼こそは」が誤ってもう一度書かれた後、消された形跡がある。「彼」は神の意味。
（15）写本には語頭の二文字が残るだけなので、他の推読も可能であるが、ここは神について語っていると判断し、ダニ八25を参照して訳した。
（16）「赦しを」、あるいは「慈しみと真実を」のような表現が予想される。
（17）「特異である」の原語ヤヒードは、聖書では「唯一」の意味で用いられている。

8彼の行為の邪悪さが、その報いと共に7[あなたを害することのないように]①。8彼と共にどのように歩むべきか
を知りなさい。[……]9あなたの心から遠ざける（余白）な。そして、あなただけのために、あなたの貧困の中で
あなたの[喉を]広く開けるな。②[……]10まことに、貧乏人よりも卑小な者がいようか。あなたの喪中には喜ぶな、
あなたが生きている間に労苦することのないように。11起こるべき10秘義を注視せよ。③11そして、救いの誕生（の
時）を捉えよ。④誰が栄光と労苦とを受け継ぐ⑤のかを知れ。[……]ではないか。12そして、彼らの喪に対しては永遠
の喜び⑥。あなたの仕事⑦のために係争の主人となりなさい。そして[……]は、ない。13あなたのあらゆる堕落⑧に対
して。義《ただ》しい支配者のようにあなたの判決を語りなさい。[……を]とるな。14あなたの過失を見過ごすな。あなた
が判決で争う時には、謙遜な人のようになりなさい。[……]15をとれ。そうすれば、神は見て⑨、その怒りを転じて
くださる。そして、あなたの罪を赦してくださる。[まこ]とに、彼の怒りの前では、16誰も立つことはできない。
彼の裁きにおいて、誰が義とされるだろうか。そして赦しがなければ、どのようにして17貧者が
16[彼の前に立ちえようか]。17そしてあなたが、もしもあなたの必要な食糧に欠乏⑩しているならば、あなたの余剰
（物資）をいっしょに持っていきなさい⑪。もしも18余りがあるなら、彼の気に入る町に運び⑫なさい。そして、そこ
からあなたの分け前⑬を取りなさい。そして、それ以[上は]加えるな。（余白）19そしてもしも、あなたが欠乏して
いても、あなたの不足は富がないということではない。なぜならば、神の財宝は不足することがないからだ⑭。20そ
して、彼の口⑮19によって20万物が生じるのだ。彼があなたの糧《かて》とするものを食べなさい。そして、それ以上は加え
るな、[あなたが]21（余白）あなたの命を20短くすることのないように。21（余白）もしも、あなたが欠乏しているた
めに他人の金を借りるならば、22昼も夜も21[休んでは]ならない。22そして、あなたの魂には休息がない⑯、あなた
に貸した者に、あなたが負債を返してしまうまでは。23彼に22嘘をつくな⑰。どうして、あなたが咎を負ってよかろう。
また、[あなたに貸]した者の罵りによって[……]、もはや彼の隣人に対するあなたの信用はないであろう。

24 そして、あなたが欠乏するときに、彼の手を閉じるだろう。(18) あなたの力[……]、そして彼のように借りなさい。

---

(1) あまり確かではない推読部分を含むことに注意。
(2)「喉を広く開ける」は、ハバ二5、イザ五14に見られる慣用的表現。葡萄酒をがぶ飲みするような行為を言うのであろう。
(3) 本文書断片一i3および二七頁の注（4）参照。
(4)「救いの誕生」は、おそらく占星術用語。教訓二4Q416二iii9および一九頁の注（14）参照。「捉えよ」は、「把握せよ」の意味であろう。
(5)「栄光を（嗣業として）受け継ぐ」という表現は、死海文書によく出る（教訓二4Q416二iii11行目「栄光ある嗣業」。感謝詩1QH IV 27, 幸い4Q525一四ii14行目など）。この表現は箴三35にも見られるが、死海文書では終末論的な意味で用いられ、栄光ある永遠の命を得ることを言う。仮に「労苦」と訳した部分は、写本の文字が不明瞭で確かではない。
(6) イザ三五10、五一11、六一7、感謝詩1QH XXIII 16, V 23を参照。
(7)「仕事」原語ヘフェツ。教訓四4Q418八八ii1および五九頁の注（7）参照。別訳「利益」。
(8) 別訳「歪曲」。「心がひねくれている」ような場合に用いる語（箴一二8参照）。
(9) 別訳「神が現れて」。
(10) 元来「餌」の意味であるが聖書には「食糧」を意味する用例もある（箴三一15、詩一一一5参照）。
(11) おそらく余剰農産物を市場に持っていって売れと言っている。
(12)「町」と訳した語マホーズは聖書では詩一〇七30にしか用例がない。ここは船に関連する箇所なので普通「彼らの喜ぶ港へ」などと訳される。「お気に入り」「喜び」とも訳されるヘフェツは、死海文書では「仕事」「取引」の意味にもなる。別訳「彼の取引の場所へ」。
(13)「分け前」の原語ナハラーは普通「嗣業」と訳されるが、ここでは市場で得た「売上げ金」のことであろう。
(14) 神の摂理に信頼せよとの勧告。
(15)「神のことば」の意味。
(16) 箴六4、詩一三二4参照。
(17) ベン・シラ二九5参照。
(18) 教訓四4Q418断片八八ii5、申一五7参照。

そして債主①を知りなさい。25そしてもしも、彼があなたを鞭打ちに遭②わせるならば、急ぐ者③［……］あなたを打つ者④から隠れるな。26あなたの恥［辱］が露わとなることのないように。［……］彼を支配する者。そうすれば27彼は杖で彼を打たないであろう⑤。［……］あなたを。28もはや、27いない。28そしてまた、あなたは［……］

保存状態

1行目から28行目までを含む大きな断片である。上縁は行の半分以上がはっきりと残るが、下縁はわずかに残るだけである。欄の右側の余白も残っている。21–23行目あたりはテクストがほぼ完全に保存されているが、それより上は少しずつ左端が欠損しており、24行目以下は欄の左側が半分以上欠損している。しかしながら、他の写本にかなりの並行箇所が存在するので、欠損部を相当補うことができる。訳文はこれらの諸断片を合成して復元したテクストによる。

断片二第ii欄

1［もし］もあなたが［……を遣《つか》］わすことなしに、あなたの手を閉じるなら、［……］2あなたの糧《かて》を。まことに彼は彼の慈しみを開示した。［…………］3彼の資産のあらゆる欠乏を［満たすために］、また［命あるすべ］てのものに糧を与えるため。

保存状態

上縁を含む欄の右側26行が残存している。2行目の途中からは、教訓二 4Q416 断片二第ii欄と重複しているので、該当箇所を参照せよ。ここでは最初の3行のみを訳して、両断片の関係を明らかにする。

断片三

1［……］死の［……を］、彼らはひとに与えるであろう。そして［…………］2［…………］彼の上に［羊］群の裁き[6]に従って［…………］3［…………］あらゆる［……］について、十分に思索［しなさい］[7]。［……］4［…………］肉、苦行[8]と共に［…………］5［…………］それ。そして、長い[9]［…………］

保存状態

上縁をわずかに含めて5行からなる小断片である。各行に三語程度が残っている。内容はよくわからない。

（1）動詞「集める」（*ʾgr*）から派生した商業用語らしい。別訳「利得」「報酬」。

（2）意訳。ここには「打撃」を意味する語があるだけ。

（2）箴二一5参照。

（4）文字の判読が困難。「債権者」と読む者もいる。

（5）箴二三13参照。

（6）「羊群の裁き」の表現は、他に教訓四 4Q418 断片一七二の13行目にも出る。

（7）「……について思索する」の表現は、教訓三 4Q417 断片一 i 12行目と25行目にもある。さらに教訓二 4Q416 断片二 iii 14行目の「起こるべきことの秘義を探求し、あらゆる真実の道について思索しなさい」を参照。「十分に思索する」については、教訓一 4Q415 断片一一 12行目、教訓四 4Q418 断片八一＋八一 a の17行目参照。

（8）原語タアニートは、聖書ではエズ九5にしか用例がないが、ミシュナーでは「断食」の意味で重要な語。

（9）イザ五八8、エレ八22などを参照して、別訳「癒し」も考えられる。

断片四

1［……］衣服①［…………］2穢れ②、［……が］開かれるために③［……］、3あなたの名が永［遠］に開かれるでしょう④。

［………］4あなたの家に荒廃⑤［………］5［……］裁きによって［………］6［………］

保存状態

この断片の右側には第ⅰ欄が見えるが、三文字程度が判読できるだけである。その左に余白があって、6行からなる第ⅱ欄が記されている。欄の右端、各行一—三語が判読できるが、虫食いが激しい。

断片五

並行箇所の教訓四 4Q418 断片六九第ⅱ欄4-8行目を参照。

断片一三

1［………］2彼らの名を、彼は呼んだ［………］3そして、そのようにあなたは行うであろう。［………

…］4真理［………］5霊［………］6すべての［………］

保存状態

縦最大二・三センチメートル、幅三・二センチの小断片。わずかに右端に余白が見えるので欄の右端と推定される。

断片一九

内容

家庭生活に関する勧告であろう。

1［…………］2［…………］義［……］、そして彼は探し求めるであろう［……］3［…………］蜜蜂をもって。［……］ではないか。その羽をもって［……］4［…………］あらゆる命令［に従って、］彼は［彼の］隣人と共に義のうちに歩むでしょう。(6)［……］5［…………］彼女の食糧を量りなさい。(7)（そうすれば彼女は）［彼女の］産物を蓄えるでしょう(8)［……］

（1）別訳「覆うもの」。教訓二4Q416断片二ii19参照。

（2）原語ニッダー、別訳「不浄」。この語は元来月経による出血を意味する語であったが、死海文書では一般的な意味で「穢れ」を意味する語として多用される。

（3）「穢れ」と「開かれる」が関連する聖書の箇所としては、ゼカ一三1を参照。穢れを清める泉が開かれるのであろうか。

（4）「名」は、義人あるいは賢者の名声の意味であろう。「名声が末永く花咲く」の意味か。

（5）仮に「荒廃」と訳した語 *šd* の意味は、「野」「胸」も可能。判読も困難。

（6）教訓二4Q416断片二iii10参照。

（7）「食糧」は字義通りには「パン」。「食糧を備える」とも読める。箴六8参照。

（8）ここで問題になっている「彼女」は、おそらく勧告の受け手の妻であろう。3行目で「蜜蜂」が話題になっているのは、食糧を蓄えることとの関連であろうか。

保存状態

縦最大四・五センチメートル、幅五・七センチの断片であり、二センチ程度の下縁が残っている。欄の下中央の5行が残る。但し、1行目には判読できる文字はない。

断片二〇

[1][…………]なされたこと[…………][2][…………]神の不思議な御業《みわざ》を、あなたたちは洞察しなさい。(1)[……………][3][…………][すべ]ての業。そして、[……を]止めるな。[……][4][…………][永]遠に[また]とこしえに[……]彼は[…………][5][…………]真理と栄光[……][6][…………]そして、洞[察力]に応じて(2)[…………][7][…………]そして、言葉[…………][8a][…………]すべての[…………][8][…………]

保存状態

欄の中央部と推定される小断片である。8行が残っているが、7行目以下はほとんど読めない。皮の外見が断片一九と類似する。

教訓四（4Q418）

復元事情と保存状態

「教訓四」（4Q Instruction[d]）に属するとされる写本断片は、合計三百三にも及ぶ（DJD および *DSSR* による）。断片一と二については、羊皮紙の状態（皮の厚み、色など）が他の断片と異なっているうえに、筆記者も異なっているように見える。そのためにこれらが「教訓四」に含まれるのかについて、疑問視されてきた。しかし、「教訓二」との重複から判断すると、これらが『教訓』に属することは確実である。他にも果たして「教訓四」に属するのか否か、判断の難しい断片がかなり存在する（後述参照）。書体からは、ハスモン朝末期からヘロデ朝初期に筆写されたものと鑑定されている。『感謝の詩篇』（1QH[a]）や『戦いの巻物』（1QM）と同様に、書きなれたきわめて美しい楷書体で整然と筆写されている。

非常に小さな断片も多く、各断片の本来の配列順序を推定するのが困難であって、便宜的に羊皮紙の状態（厚み、色、光沢など）、使用されている語彙の特徴などから、グループ分けが行われ、断片番号が付けられた。例えば断片七―九、一〇―四二、四三―六八、六九―八〇、八一―一〇二という具合である。

（1）この動詞の綴りには多少問題がある。

（2）箴一二8参照。別訳「見識に応じて」。この表現は死海文書では頻繁に出る（共規 1QS V 21 以下、感謝詩 1QH IX 33 など）。

小さな断片には、判読可能な文字がほとんどないもの（断片二三、断片三〇、断片五〇、断片二〇三、断片二二六、断片二三二、断片二三三など）、いくつかの文字は判読できるが意味をとることができないもの（断片四、断片三九、断片四一、断片五一、断片六三、断片一一五など多数）、かろうじて一語のみ意味がとれるもの（断片二八「そしてあなたは」、断片四九「ない」、断片二四五「真理」、断片二二五「見張っている」など）が含まれている。このような断片については、当然内容的な議論は不可能である。断片八六の場合は、書き手が違っているように見え、特に知恵的な語彙も見当たらないために、「教訓四」に属するのか否かが疑われている。断片一八四の場合は、「起こるべきことの秘義」（ラズ・ニフヤ）という「教訓」にとって重要な表現が見られるものの、人名「モーセ」が出るのが特異であり、皮の状態も他と異なっていることから「教訓四」に属するのか否かが疑われる。このように三百三の断片全部が、「教訓四」を構成するのではないようである。

次に問題になるのは、『教訓』を構成する他の巻物断片との関係である。「教訓四」（4Q418）に数えられている相当な数の断片が、「教訓二」（4Q416）および「教訓三」（4Q417）と重複していることがわかっている。したがって、「教訓四」を構成する比較的大きな断片でも、別に訳文を掲げなかったものがかなりある。これらの断片と対応する主要な「教訓」の断片を以下に列挙しておくので、該当箇所を参照されたい。

断片一　「教訓二」（4Q416）断片一の4‐7行目
断片二　「教訓二」（4Q416）断片一の9‐16行目
断片七　「教訓三」（4Q417）断片二第ii欄

断片八　「教訓二」（4Q416）断片二第ii欄
断片九　「教訓二」（4Q416）断片二第iii欄の3－17行目
断片一〇　「教訓二」（4Q416）断片二第iii欄から第iv欄
断片四三、断片四四、断片四五第i欄　「教訓三」（4Q417）断片一第i欄の2－22行目

以上のような対応関係についての事情を明らかにするために、「教訓四」（4Q418）断片一については、訳文を掲げておくことにした。

断片一

1［……彼らの軍勢にふさわしく、］尺度をもって統［治するために］、［……］
2［……］王国から、王国へと、州から］州へと、人から人へと［……］
3［…………］彼らの［軍勢の欠乏に応じて。］また彼らすべての裁き、［……］
4［…………］（余白）［……］
5［…………］そして光体を［…………］

断片一七

1［…………］
2［…………の］
1報い。(1)
2［…………］悟る。
3［…………］彼を探求せよ。(2)
4［…………］秘義(3)

（1）「報い」原語ペクダーは、応報を表す術語として、共規1QS III 14-IV 26, 感謝詩 1QH V 27 などで用いられる。『教訓』での用例は多数ある（教訓二 4Q416 断片一9、断片三2、教訓三 4Q417 断片一 i 7、14等）。
（2）動詞はおそらく命令形。
（3）原語ラズは、『教訓』全体の鍵語。解説を参照。

断片三三

[1]［………］一つの［……］を取れ。[2]［………を］あなたは棄て［ない］ように、さもないと[3]［………］あなたの手を［……に］伸［ばす］な。[4]［………］そのように［……］

保存状態

四行が残る。欄の左端の可能性がある。

断片三四

[1]［………］彼の［裁］き［……］ないように。［……］[2]［………］霊の嵐①［………］[3]［………］沈黙へと彼らは転じた②［………］[4]［………］

断片四六

[1]［………］［……の］はかりごとを③、あなたがたは理解し［ない］。［……］[2]［………］労苦④をあなたがたは耐え忍ぶだろう⑤［………］[3]［………］彼らの欲求のために⑥。そして［……の］道を⑦［……］[4]［………］

保存状態

縦最大二・三センチメートル、幅二・四センチの小断片。上縁が残っている。断片四七と物理的によく似ているので、同じ欄の上にあった可能性がある。

断片四七

1［……………］彼ら(8)の支配領域における支［配］［……］2［……………］彼らの労［働において］怠けるであろう(9)［……］3［…………邪］悪、彼らは歩むであろう［……］時から［時］へと4［…………］、そして［彼らの］すべての子孫(10)［……］

保存状態

縦最大二・九センチメートル、幅最大二・九センチの小断片。上縁が残っている。断片四六と物理的によく似ているので、同じ欄の左右にあった可能性がある。

（1）「霊」は「風」でもある。詩五五9参照。
（2）感謝詩 1QH XIII 20「あなたは嵐を沈黙へと転じられます」を参照。
（3）別訳「計画」。
（4）「（地の）産物」「作物」をも意味する語。
（5）別訳「（地は）作物を育てるだろう」。
（6）「欲求」と訳した語へフェツは、『教訓』で頻繁に用いられている語である。ここでは文脈が不明なので意味が判然としない。別訳「仕事」「関心事」「悦楽」など。「それらを愛でる者たちに」とも訳せる（教訓三 4Q417 断片二 i 18参照）。
（7）確かな読み方ではない。
（8）「彼ら」が人間を指すのか、「天体」「天使」「霊」を指すのかは不明。
（9）別訳「疲労するであろう」。本文書断片五五11を参照。
（10）別訳「産物」。

断片五五

内容

前半はテクストの毀損が激しいので、内容を把握するのは困難であるが、知恵の探求について語ると共に、神の知恵が与えられる人について述べているように思われる。後半は、天上の御使いたちについて述べていると解釈される。

[1][…………] そして、彼女が落ちる⑴[…………][2][…………]（余白）[…………][3][…………]労苦をもってわれわれは、彼女の道を手に入れよう。⑵ そして、憩いをもたらそう。[4][……]そして、われわれの心には、[いかなる時にも] 見張り⑶があるだろう。そして、われわれのあらゆる道には、安全が（あるだろう）。（余白）[5][……] 知識。しかし彼らは英知を探し求めなかった。⑷ [そして、……を⑸] 彼らは選ばな[かった]。（余白）[彼は] 知識の神ではないか。[6][彼は] 真理の上に[……]。（それは）すべての[……を] 英[知の上に] 確立するためである。彼が、真理を嗣業《しぎょう》とする者たちに、[7][……を][6]分け与えた。[7][……][……を] 見張る。[……] 業。平和と安定⑹[を彼が⑺与えたのでは] なかったか。[8][……] あなたたちは知[らないのか、] あなたたちは聴かなかったのか、聖なる御使いたちが⑻、彼に、天において[9][……ことを⑼][……] 真理。そして、彼らは英知のあらゆる根源⑽を追い求め、[10][……を][9]見張る。[10][……] 彼らの知識に応じて、彼らは各人に彼の隣人よりも栄誉を与える。そして、彼の洞⑾察力に応じて、彼の光輝は増し加えられる。⑿ [11][……] 彼ら⒀は人のようであろうか。（いや）人は、怠慢であるのだから。⒁ また、人の子（のようであろうか）。（いや）彼は、沈黙するであろうから。⒂ [12][……][11]ではないか。[12][……] とこしえ。そして、彼らは永遠の所有地⒃を嗣業とするであろう。あなたたちは見なかったか、[……を]。

保存状態

かなり大きな断片であって、縦幅約二・五センチメートルの下縁を含み、欄の下の12行を保存する。もっとも保存状態のよい10行目の幅は約九・五センチあって九語を含む。3行目までは右側が大きく欠ける。4–7行目には中央に十文字分ほどの欠損がある。

（1）1行目の途中に六字程度の跡が見えるが判読は困難。訳は確かではない。
（2）「彼女」はおそらく擬人化された知恵。動詞 *krh* の意味としては、「穴を掘る」と「買い取る」（ホセ三2）が考えられる。ここでは後者の意味にとった。前者から「瞑想する」の意味を推定する解釈も可能。
（3）7、9行目でも用いられるこの断片の鍵語。箴八34、エレ一12、三一28、ダニ九14参照。
（4）箴一28参照。
（5）「神の意思（ラツォーン）を」などの表現が推定される。
（6）歴上二二9参照。「安定」に関しては本文書断片六九第ii欄5行目参照。
（7）「彼」は神を指す。
（8）戦い 1QM VII 6, X 11, 共規 1QS II 8–9 参照。
（9）「賛美を捧げていることを」などの表現が推定される。
（10）「彼ら」は、「聖なる御使いたち」のことか。「英知の根源」については、秘義 4Q301 断片一の2行目、断片二bの1行目を参照。
（11）「各人の」の意味。
（12）別訳「彼の光輝を、彼は（=神は）増し加える」。
（13）おそらく「御使いたち」のこと。
（14）天使は、休むことなく働いている点で人間と異なる。
（15）人間が死すべき存在であることを述べているのか。
（16）旧約ではアブラハムの子孫に対する約束の地を指す表現。創一七8、四八4。ここでは動詞「嗣業とする」と共に比喩的な意味で用いられている（ガラ三18参照）。本文書断片六九13では、天使の嗣業は永遠の命である。

断片五八

[1][…………]心の愚かな者たち(1)[…………][2][…………]そして、あらゆる英知の霊(2)[…………][3][…………]そして、そのあらゆる〔芽〕(3)、真[実]をもって[…………]

断片六八

[1][…………]代々《よよ》に[……][2][…………]時の[……]、そして[……]の報い(4)[3][…………][4][……][3]の報い。
[4][…………](余白)[5][…………][しかしあな]たは、思索しなさい。[6][…………]強くあれ[7-8][…………]

保存状態

縦約五・一センチメートル、幅約二・四センチの細長い断片。8行分の長さがあるが、4行目は余白、7-8行目で判読可能なのは一文字だけである。

断片六九第ii欄

内容

修辞法や用語については、『秘義』との類似が認められる。6行目あたりから、終末における裁きについて語っていることは確かで、「心の愚かな者たち」は、永遠の滅びに至るが、英知を探求する選ばれた者たちは、天使のように永遠の命を得ると主張しているのであろう。

[1][…………]あなたを喜[ばせた][2][…………]そして、あなたは洞察する[……][3][……][2]と共に[3][……

…」彼らの［……］真実のうちに[4]彼らの［……は］[3]動かないだろうか、(5) [4]彼らのあらゆる波は、知識のうちに（動かないだろうか）。（余白）そこで今、心の愚かな者たちよ。(6) [5]［……］[4]でないものにとって、善とは何か。[5]存在しないもの(7)にとって、安定とは［何か］。制定されていないものにとって、裁きとは何か。(8)死者たちが［自分たちの死に］対して、何の哀悼をなすだろうか。[6]あなたがたは［神によって］形造られた。だが、あなたがたの帰る所は、永遠の墓穴(9)である。まことに、それが目覚めるであろう(10)［……］あなたがたの罪。(11)［……］[7]暗闇の中から彼らは叫

（1）断片六九ii4、8、感謝詩1QH IX 39参照。

（2）文字の判読は困難。

（3）この語は、行間に書き込まれ、元の字は消されている。別訳「若枝」。イザ四2、六一11、エレ二三5、エゼ一七10など参照。

（4）「報い」原語ペクダーは、応報を表す術語。共規1QS III 14-IV 26, 感謝詩V 27, IX 19（「訪れ」と訳した語）、教訓二4Q416断片一9、教訓三4Q417断片一i7、14などで用いられている。

（5）普通「歩む」と訳される動詞が用いられているが、ここでは「動く」とした。

（6）本文書断片五八1、感謝詩1QH IX 39参照。

（7）原語はロー・ハーヤー。秘義4Q301断片二b5にも、同じ表現がある。そこでは「存在しない男の姿」として言及されている。ここでも「存在しないもの」とは、異教の神々のことかもしれない。

（8）「裁き」の原語はミシュパート。「正義」の意味かもしれない。「裁き」は、すでに制定された法に従ってなされるものだ、と述べているのか。正義には確実な基礎づけが必要である、と述べているのか。

（9）別訳「滅び」。

（10）判読困難な語。「それ」は、三人称単数のものを受ける。先行する名詞「墓穴」を受けるのか。動詞「目覚める」の聖書での用例としてはダニ一二2を参照。

（11）推読の可能性としては、「あなたがたの罪を断罪するために」。

ぶであろう、あなたがたの嘆願に対して。①また永遠に存続するすべての者が、②真理を探求する者たちが、③あなたがたの裁きのために立ち上がるであろう。④［そのとき……］[8]心の愚かな者たちは、すべて滅ぼし尽くされるであろう。そして、不義の子らは、もはや見出されなくなる。そして、邪悪に執着する者たちは皆、恥をかく。[9]あなたがたの裁きにおいては、穹天《きゅうてん》の基礎が⑤砕け散るであろう。⑥そして、すべての［軍勢が］騒ぎ立つであろう。［……］愛［……］[10]（余白）しかし、あなたがたは真実の選ばれた者たちだ。［……を］⑦追い求める者たちだ。［英知を探］求する者たち、[11]あらゆる知識を[10]見張っている者［たち］だ。[11]どうしてあなたがたは言えようか、⑧「われわれは、英知に疲れた。知識を追い求めようと見張っていた［のだが……］」と。すべての［……］に。[12]彼⑨は永遠の年々にくたびれることはない。彼はとこしえに真理を喜ばないだろうか。そして、知識は［永久に］彼に奉仕するであろう。[13]永遠の命が彼らの嗣業である天の[12]［子らは］、[13]本当に（次のように）言うであろうか。「われわれは真理の仕事⑩に疲れた。[14]すべての時節に［……］[13]われわれはくたびれた」と。[14]彼らは永遠の光の中を歩まないだろうか。［………栄］光と大いなる光輝が彼らと共に［……］[15]穹天において［……］天使たちの会議⑪において、すべての［………］（余白）そして、あなたは、［分別ある］子［……］

保存状態

第i欄は左端の数文字がかろうじて読めるだけである。その右側に幅約一・五センチメートルの余白があって、15行と下縁をもつかなり大きな第ii欄がある。縦は最大約八・三センチ、幅は13行目で十二センチになる（右側余白を除く）。この13行目には十一語が記されているが、左端は欠けている。上の3行は毀損が激しい。4行目以下はところどころに虫食いがあるが、テクストは比較的よく保存されている。但し、独特の言い回しを含む、きわめて難解な内容であるために虫食いの部分の推読がほとんど不可能であって、翻訳は容易ではない。

断片七〇

[1]［…………］まことに、［…………］[2]［…………］黒雲と暗［闇(12)…………］[3]［…………］それらは(13)止んだ［…………］[4]［…………］彼らは探し求めた［…………］。

---

(1) 6行目末尾がわずかに欠損していることが解釈を困難にしている。「暗闇の中から」と訳した箇所は「彼女の闇の場所」とも解釈できる。また「あなたがたの嘆願」と訳した語は、「あなたがたの多数」とも読める。

(2) 別訳「また永遠に生起するすべてのこと」。前の文とどう関係するのか不明。おそらく「永遠に存続するすべての者」とは天使のことであろう。

(3)「真理を探求する者たち」も天使のことであろう。この場合の「真理」は、「真実」の意味をも含む。

(4)「立ち上がる」と訳した語の正確な意味はわからない。「自らを奮い立たせる」の意味ともとれるが、「(眠りから)起こされる」の意味にもとれる。

(5) 別訳「穹天を基礎づけた者たち（＝天使たち）が」。

(6) 別訳「叫ぶであろう」。

(7)「義を」が推定される。

(8) エレ八8からとられた表現。

(9)「彼」は、おそらく神のこと。

(10)「真理を探求する仕事」の意味。

(11) 原語ソード。別訳「評議会」。天使たちの会議については、安息歌 4Q400 断片一 ii 9（本シリーズⅨ冊では、安息歌一30）、賢者詩 4Q511 断片一〇11などに出る。他にベラ 4Q286 断片七ａｉ6「浄い神々（＝天使たち）の評議会」も参照。

(12) 申四11、五22、詩九七2、エゼ三四12参照。神顕現と審判に関係する表現。

(13) 別訳「彼らは」。

断片七六

[1][…………]すべての霊の上に[…………][2][…………]そして、義なる人々①は[……]ない。[……][3][…………]そして、聖なる霊たち②[…………][4][…………]

保存状態

欄の中央部の4行からなる小断片。4行目は一文字しか読めない。

断片七七a、b

[1][…………]太陽[……](余白)[……][2][……]起こるべきことの秘義③。そして、人の由来④を把握せよ。そして、力量⑤を見よ。[……][3][……]彼の業《わざ》の報い⑥。そして、その時には、あなたはひとの裁き⑦を悟るであろう。そして[……の]重さ⑧、[……][4]彼の唇の流れ、彼の霊にふさわしく⑨。そして、起こるべきことの秘義を、時代の重さに従って把握せよ。また[日々の]測定(に従って)⑩[……][5][…………]

保存状態

欄の中央部の二つの小断片。aは右側で4行、bは左側で5行を含む。謎の表現ラズ・ニフヤが二回出現することで注目される。教訓二4Q416断片七の並行箇所によって数語が補われる。

断片七八

[1][…………][……と……]の間の(区別を)あなたは知るべき⑪[……][2][…………]追求された⑫[…………]

3 […………] 労苦に⒀ […………]

断片七九

1 […………] 2 […………] あなたがたの資産⒁ […………] 3 […………] そして、なぜ […………] 4 [……
……]

（1）「聖なる」と一度書かれて、削除されている。
（2）天使のこと。
（3）原語ラズ・ニフヤ。解説参照。
（4）別訳「アダムの系図」。創五1参照。
（5）教訓三4Q417断片一i11および二九頁の注（6）参照。
（6）「報い」は、教訓二4Q416断片七によって補われる。「報い」の原語ペクダーについては、本文書断片一七1と四三頁の注（1）を参照。
（7）「ひと」の原語はエノシュ。おそらく最後の審判について述べている。
（8）別訳「計量」「測定」。教訓一 4Q415 断片一一では、霊の重さを量ること、つまり人の精神的な資質を測ることが問題になっている。
（9）ここの数語は教訓二4Q416断片七によって補われる。
（10）おそらく、神が時を測っているという予定説的な思想について語っている。Ⅳエズ四36以下、ダニ五25以下を参照。
（11）教訓三4Q417断片一i8、17参照。
（12）動詞 *rdf* のニファル形は、聖書では、哀五5とコヘ三15にしか用例がない特殊な表現。コヘ三15の分詞形は「追いやられたもの」「過ぎ去ったこと」などと訳される。
（13）本文書断片五五3参照。
（14）原語オート。教訓二 4Q416 断片二ii1行目および一三頁の注（12）参照。

断片八一＋八一a

内容

欄の約三分の二あたりまでは、神の憎むものから自らを区別する「あなた」が、天使たちと同じような聖なる者とされる約束について述べる。「彼」つまり神が「あなた」の嗣業である（3行目）。次の段落では美しい大木の比喩が出てくるが（13行目以下）、これはおそらく聖化された者たちの共同体を指すのであろう。次の「しかし、あなたは」（15行目）以下の段落では、「英知ある者」が、職人として実生活上のさまざまな勧告を受けている。この文書の聴き手に「職人」が含まれていることを示す点で重要な断片である。

[1]彼は、（あなたが）聖なる者たちをことほぐために、あなたの唇を泉として開きました。(1) そして、あなたは永遠の泉のように、［御名を］賞め讃えよ。［……］すべての[2]肉なる霊(2)から、[1]彼はあなたを分けました。[2]あなたは彼の憎むすべてのものから、（自分を）区別しなさい。そして、（彼の）魂が忌み嫌うすべてのものから遠ざかりなさい。［まこ］とに彼は万物を造りました。[3]そして、彼ら各人が、その嗣業《しぎょう》を受け継ぐようにしました。彼こそが、人の子らのただ中であなたの受ける分、あなたの嗣業です。(3) その嗣［業に関する］権能を彼はあなたに与えたのです。(4) そしてあなたは、[4]このことによって彼を栄化しなさい、（すなわち）彼に対してあなたを全世界に対する至聖所として定めた通りに、あなたを聖化することによって。そして、すべての天使たちのうちに、[5]彼はあなたの籤《くじ》を投げました。(5) そして、あなたの栄誉をきわめて大いなるものとしました。そして、彼は彼自身のために、あなたを［……の］うちで長子と定めました。［彼は言いました。[6]「［……］」そして、私の恵み(6)をあなたに与えましょう。私の恵みは、あなたのものではありませんか。そして、常に私の真理のうちに歩きなさい］。［……］[7]あなたの業《わざ》。

そしてあなたは、あなたに敵対するすべての者の手からの彼の裁きを求めなさい。あらゆる［……］において、［……］[8] 彼を愛しなさい。そして、永遠の慈しみによって、また彼の言葉を守る者たちすべてに対する慈愛によって。しかし、彼の熱愛(7)は、［……］(8)。[9] しかしあなたには、彼はあなたのために洞察力を開き（与え）ました。そして、彼の宝(9)を治める権能をあなたに与えました。そして、真実のエファ(10)を［あなたに］託しました。［……］[10] 彼らは、あなたと共に。そして、（彼の）意思に適う人々(11)からの怒りを転じて、［ベリアルの子ら……］に対して報いを与えるのは、あなたの力によってなの(12)です。［……］[11] あなたと共に(13)。あなたが彼の手から嗣業を受け取る前に、彼の聖なる者たち(14)に栄誉を与えなさい。また、［……］の前に［……］[12] すべての聖なる者たちの歌［……］、彼は開かれま

（1）「泉を開く」という表現については、感謝詩 1QH X 20, XVI 22, XVIII 33, XIX 22を参照。
（2）教訓二 4Q416 断片一12および一三頁の注（5）参照。
（3）民一八20のレビ人に関する規定を念頭においた表現。しかしここでは「あなた」の祭司職に直接言及しているのではない。
（4）「あなたに」と書かれていたのを消して、「彼らに」に書き換えた形跡がある。「あなたに」を正文とした。
（5）「籤を投げる」は運命を決定するの意味で、死海文書で頻繁に用いられる。感謝詩 1QH XI 23, 共規 1QS IV 26 などを参照。
（6）直訳「私の善」。
（7）「熱愛」の原語はカーナー。別訳「妬み」。
（8）出二〇5-6を参照すると、「彼を憎むすべての者に対して」を補うことができる。
（9）別訳「倉」。
（10）エファは穀物の容量単位。不正なエファ升による詐欺は預言者によって告発された（アモ八5、ミカ六10。申二五14-15をも参照）。ここでは「真実のエファ」は正しい尺度の意味。
（11）「意思」の原語はラツォーン。「ラツォーンの人々」つまり「意思に適う人々」は、ルカ二14のギリシア語表現「アンスローポイス・エウドキアス」に正確に対応する。
（12）直訳「あなたの手によって」。
（13）「あなたの民」とも解釈できる。
（14）天使たちのこと。

した。①そして彼の御名《みな》によって呼ばれる者たちはすべて聖である。［……］[13]あらゆる時節に及んで。彼の大枝の壮麗さは、②永遠の植栽に③［……］[14]［……］世界。その中を地を受け継ぐ者たちは皆、歩くであろう。まことに天において④［……］[15]しかし、あなたは英知ある者。⑤もしも、彼が職人としての技能をあなたに与えたならば、⑥そして［……］の知識［……］[16]人の（道を）行くすべての者たちに⑦資産。⑧そこからあなたは、あなたの糧⑨に注意を払いなさい。［……について］[17]十分に思索しなさい。⑩そして、あなたのすべての教師たちによって学識を増し加えなさい。⑪［……］[18]喜びを探求するすべての者に、⑫あなたのわずかな食物を差し出しなさい。そうすれば、あなたは［……を］確立するでしょう。［……を］[19]あなたは満たす。そして、多くの良きもので、あなたは飽きる。そして、あなたの手の技能によって、⑬［……］[20]まことに、神は［彼らの⑭］嗣業を生けるものすべてのうちで分割した。⑮心の賢い者たちは皆、洞察力を得る［……］

保存状態

断片八一は、縦最大十四・七センチメートル、幅九・七センチのかなり大きな断片であって、上縁と欄の右側の余白が残る。欄の右側、上から20行が残されている。断片八一aは、同じ欄の左端と考えられる幅三・八センチ程度の小断片で、上縁と欄の左側の余白を含む4行が残っている。断片八一と八一aの間には、一語が書き記される程度の欠損部があったと推定される。

断片八六

内容

上縁が残っていて1行目から5行目の合計八語程度が読み取れる。羊皮紙の物理的状態が他の断片と異なっており、特に知恵的な用語もないところから、「教訓四」に属するのかどうか疑われている。但し、語彙は他の教訓断片と共通する。

（1）「歌」という判読は確かではない。別の可能性として「泉」。「歌」の前に一文字分の欠損がある。「すべての」の前の欠損部をも考慮して、「あなたの口を、すべての聖なる者たちの歌の中へと彼は開いてくださった」と推読しうる。
（2）エゼ三一5以下参照。
（3）別訳「永遠の農園」。終末論的共同体の比喩的表現。共規 1QS XI 8、感謝詩 1QH XIV 18、XVI 7, 10–11 を参照。
（4）別の解釈として「彼の名によって」。
（5）原語メーヴィーン。教訓三 4Q417 断片一 i 1および二七頁の注（1）参照。
（6）意訳した。直訳「彼（＝神）が、両手の知恵（＝技能）をあなたに支配せしめたならば」。ここを「神があなたを職人にまさる者としたならば」の意味にとって、ベン・シラ三八24以下と同様、学者の方が職人よりも優れているという思想を表現している、と解釈する見解もあるが、採用しない。「両手の知恵（ホクマー）」が、職人の技能を表すことについては、教訓四 4Q418 断片一〇二の3行目、断片一三七の2行目、教訓類B 4Q424 断片三の7行目、ベン・シラ九17を参照。
（7）あえて直訳すると「アダムの行く者たちすべて」。この奇妙な表現は、人間の死を婉曲に表現したコヘ一二5の「人は永遠の家に行く」を意識したものか。
（8）原語オート。教訓二 4Q416 断片二 ii 1行目および一三頁の注（12）参照。
（9）通常は「餌」を意味する語。
（10）教訓三 4Q417 断片三3および三七頁の注（7）参照。
（11）箴一5、九9、一六21参照。
（12）「快楽を追求する」とも訳し得る表現だが、ここでは「喜び」は学究の喜びを意味する。本文書断片一二六 ii の12行目、断片一五八の3行目参照。
（13）上段注（6）を参照。
（14）あるいは「彼の」を補う。
（15）予定説に関連する表現。教訓 4Q423 断片五の3行目および一〇七頁の注（14）参照。

[1]［…………］彼の憤激①。そして、娘らを（見守る）父のように②［……］[2]［…………］そして彼女の籤《くじ》の日［……］[3]［…………］天と［……］[4]［…………］あなたの玉座［……］[5]［…………］

断片八七

内容

欄が縦に裂けて残っているために、意味をとるのはきわめて困難であるが、実際生活上の諸問題に関して具体的な指示を与えていることはわかる。あまり大きくない断片に余白が二箇所あることから、相互に関連性のない格言のようなものが列挙されていたのだと推定される。

[1]［…………］[2]［…………］欺瞞、そして［……］[3]［…………］あなたのパン［……］[4]［…………］その中、そして［……］[5]［…………］家から［……］[6]［…………］欠乏［……］[7]［…………］知らない人の保証をする③。［……］[8]［…………］あなたの一撃と［あなたの］打撃④［……］[9]［…………］あなたは必ず尋ねなければならない⑤［……］[10]［…………］あらゆる道において［……］[11]［…………］（余白）真実をもって歩［く⑥……］[12]［…………］そして、重さによって［……］[13]［…………］あなたの手を伸ばすこと［……］[14]［…………］あなたは貧しくならないであろう［……］[15]［…………］（余白）もしも係争のために［……］[16]［…………］

保存状態

上の縁と、2-15行目まで欄の中央部の一―二語ずつが残っている。なお1行目と16行目は一文字ずつしか残っていない。

断片八八第ii欄

内容

経済生活や隣人との付き合い方に関する実際的な指示が書かれている。

1あなたのすべての仕事[7]に対して用意をしておけ。[……………]2あなたの生きる間。[……]の年の多さにあなた
の平安が[8][……]3自ら気をつけよ、あなたが保証人になることのないように[9][……]4不正にあなたが裁く[こと
のないように]。そして、あなたの手の力によってあなたが[…………]5あなたの欠乏に対して、彼はその手を
閉じるであろう[10]。そして、[…………]6あなたの足の裏に。まことに、神は[……と……との]間（の違い）を

（1）教訓二4Q416断片四2参照。
（2）教訓一4Q415断片二ii1参照。
（3）箴一一15「知らない人の保証をすると、災難がふりかかる」参照。箴六1以下でも他人の保証人になることの危険が説かれている。
（4）疫病に関連する表現かもしれない。
（5）神にうかがいをたてること、あるいは誰かに要求することが問題になっているらしい。
（6）王下二〇3などに見られる表現。
（7）原語ヘフェツは、通常「喜び」「気に入ること」「願望」などを意味するが、ここでは複数形で用いられて「仕事」「用事」を意味する。イザ五八13参照。
（8）あなたの長寿に応じて平安が与えられる、のような意味であろう。
（9）上段注（3）参照。
（10）「彼」は、神を意味すると思われる。申一五7「あなたの同胞である貧しい人に対して、あなたの手を閉じてはならない」からきた表現。教訓二4Q416断片二ii2、教訓三4Q417断片二i24を参照。

求める。［……］[7]生きるのは、あなたの手によって。① そして、悲嘆のうちにあなたは② ［冥府へと］集められる。③ ［……］[8]そして、真実をもって、あなたの嗣［業］は満たされる。そしてあなたは［……と］なる。[9]［…………］

保存状態

この断片の第i欄は、そこに欄があったことがわかるだけで、判読できる文字は残っていない。第ii欄は欄の右側9行分残っていて、8行目までは各行三―五語程度が判読できる。

断片九五

[1]［…………］の力［…………］[2]［…………］あなたの計画、④ ［……の］礎《いしずえ》と共に［……］[3]［…………］あなたは［……の］知識を暗くしてはならない。⑤ ［……］

保存状態

欄の中央が3行保存されていて、合計七語が判読できる。下の縁が残っている。

断片九六

[1]［…………］不思議⑥ ［……］[2]［…………］これ［ら］すべてを［探］求せよ。［……］[3]［…………］あなたの手を[4]［……］[3]に対して伸ばすな。[4]［…………］空しく［……］[5]［…………］伸ばす⑦ ［……］

保存状態

欄の左側が5行残っている。かろうじて十語程度が判読できる。

断片九七

1[……]なしに[……]2[……]あなたに欠乏しているものを彼の手から取りなさい[……]3[……

……]それは見つからないであろう。（それを）戻すな[……]4[……]

保存状態

欄の中央4行が残る。4行目には意味がわかる語はない。

断片一〇一第i欄

1[……]2[……]彼の業《わざ》3[……]あなたの資産(8)4[……]そしてあなたは5[……]

（1）「あなたが生きるのは、自分の力によってではない」という意味の文の末尾であろう。

（2）創四二38、四四31参照。

（3）「集められる」は、創二五8などで「その民に加えられた」などと訳されている慣用表現。

（4）別訳「評議」「摂理」。

（5）ヨブ三八2参照。

（6）判読は困難。

（7）別訳「遣わす」。

（8）「資産」の原語はオート。教訓二 4Q416 断片二ii1および一三頁の注（12）を参照。

保存状態

第i欄には左端5行が残る。2-4行目の各一語が判読できる。

断片一〇一第ii欄

[1]［……………］[2]罪［……………］[3]そして、彼の家の中にあなたは居るな、(1) まことに［……………］[4]彼の財産を、(2) 彼は惜し［んではならない］。［……］であった。［……］[5]彼の肉親。彼は自分の肉親に不実を働いてはならない(3)［……］

保存状態

第ii欄の右端5行が残っている。1行目には判読可能な文字はない。3-5行目では三—四語が読める。下縁が残っている。

断片一〇二

内容

「両手の技能」について語っていることから判断すると、語りかけられているのは、職人であろう。本文書断片八一+八一aの15行目以下を比較参照せよ。

[1]［……………］墓穴に［……………］[2]［……］喜び。(4) そして、義なる真理(5)が彼のすべての業《わざ》［に（ある）］。そして［……］[3]［……しかし、あなたは］真理を認識する者。(6) あなたの両手のあらゆる技能(7)によって［……］[4]［……］あなたの歩

み。そうすれば、すべてそれを探求する者たちには、あなたの喜びを彼が求めるであろう。(8)［……］［……］嫌悪すべき不義［については］あなたは無実であって、真理の喜びのうちにあなたは［……］

保存状態

欄の下の縁がはっきりと認められ、欄の中央の下の5行が残っていることがわかる。5行目の幅が最も長く、五・五センチメートルある。

断片一〇三第ii欄

内容

農民に対する勧告であって、『レビ記』一九章19節と『申命記』二二章9-11節で規定されている「禁忌異種」の原則を、他の生活領域にも適用しようとしているようである。

（1）別の可能性として、「彼女を居させるな」。
（2）判読は困難。
（3）「自分の肉親」はおそらく「妻」を意味する。夫の不倫を戒めたものであろう。
（4）原語へフェツ。本文書断片八八ii1および五九頁の注（7）参照。
（5）別訳「真実」。原語はエメト。
（6）ここでは、普通「英知ある者」と訳されるメーヴィーンを、「認識する者」と訳した。
（7）「技能」の原語は、普通「知恵」と訳されるホクマー。
（8）意味が判然としない表現。本文書断片八一＋八一aの18行目参照。

[1]［…………］[2]［……］農民すべての［……］まで［……］[3]［……］あなたの籠①の中に入れること、そしてあなたの倉②の中に［…………］[4]時③と、彼らの探求④の時とを比較する［……］⑤。また［……］を同等に扱うな。［……］そして［……］ない。[5]まことに彼らは皆、彼らの時に従って求める。そして、各人は［その］欲求に応じて、［……］そして彼は、［……］の途を見つけた。[6]資産⑥を含む生ける水の源のように、⑦［……］。あなたの商品⑧を［隣人の］ものとを混ぜ合わせるな。[7]騾馬《らば》のような禁忌《きんき》異種《いしゅ》⑨にならないように。また、あなたは羊毛と亜麻との［混紡の］着物のようにならなら（ないように）。またあなたの労働が、[8]雄牛と驢馬とをいっしょに[7]犂耕《りこう》させる者のように（ならないように）⑩。[8]さらに、あなたの収穫物が［あなたにとって］禁忌異種を（混ぜ合わせて）播種《はしゅ》したもの［のように］ならない（ない）ように。なぜなら、種と豊かな収穫⑪と[9]［葡萄園の］[8]産物とが[9]［いっしょに］聖なるものとされてしまうから⑫である。［そしてさ］らに、あなたの富もあなたの身体も［……］あなたの命［も皆、］共に消えうせるであろう。そして、あなたの生きている間、あなたは［……を］見出さないであろう。

断片一〇七

保存状態

縦幅約二・二センチメートルの下縁が残り、幅最大約十五センチにおよぶ、かなり大きな断片である。第i欄は四文字しか読めない。第ii欄は下の9行が残っている。1行目は一文字の痕跡が認められるだけで判読はできない。2-3行目は欄の右側が残る。4行目以下は保存状態がよくなるが、欄の中央部がV字型に欠損している。7-9行目についてはハ文字程度が欠けているだけなので、ある程度の復元が可能である。

内容

全体の内容はよくはわからないが、『マタイによる福音書』の「探せ、そうすれば見出す」と並行する詞が見られる。

[1]［…………］探せ、そうすればあなたは見出すであろう(13)［…………］[2]［…………］上方へ、そして［………
……］[3]［…………］あなたの欠乏に、まことに［…………］[4]［……］資産、あなたの商品(14)、そして［……の］喜
びのうちにあなたの稼ぎ(15)［……］[5]［……］そこで(16)、地から生え出たすべてのもの(17)と共に。まことに、［彼らは］皆、

（1）「籠」を意味するヘブライ語テネは、聖書には四回しか用例がない（申二六2、二八5など）。
（2）「倉」を意味するヘブライ語アーサームは、聖書には二回しか用例がない（申二八8、箴三10）。
（3）「季節」「時節」の意味か。
（4）「彼らが探求する」の意味か、「彼らを探求する」ないし「それらを探求する」の意味か、不明。
（5）次の文と同様の禁止命令なのかもしれない。
（6）教訓二4Q416断片二ii1および一三頁の注（12）参照。
（7）エレ二13、一七13参照。
（8）本文書断片一〇七4、断片一二二5、7参照。
（9）「禁忌異種」の原語キルアイムは、聖書にはレビ一九19と申二二9にしか用例がないが、ミシュナーでは重要な術語となっている。『ミシュナⅠ　ゼライーム』（石川耕一郎・三好迪訳、教文館、二〇〇三年）一〇一頁以下参照。
（10）申二三10以下参照。
（11）「豊かな収穫」と訳したメレーアーは、聖書には出二二28と民一八27にしか用例のない語。
（12）ここで言う「聖なるもの」とは、一般の食用には適さないものの意味。
（13）マタ七7参照。
（14）本文書断片一〇三の6行目、断片一二二の5、7行目参照。
（15）別訳「報酬」「報い」。共規1QS III 16, 感謝詩1QH VI 23, VII 35、教訓三4Q417断片一 i 14、26など参照。
（16）「そこで」と訳した *šm* は、何かの語の末尾の *šm* かもしれない。

「……を」探し求めるであろう。[6]「……」草の「……」根「っこ」と共に「…………」[7]「…………」と共に(1)「……」[8]「…………」

保存状態 ――

欄の中央部が8行残っている。3行目までは一―三語が判読できる程度だが、4行目は四語、5行目は八語が残っている。6行目以下は残存部が少なく、8行目には読める文字はない。

断片一〇八

[1]「…………」[2]「…………」彼らの稼ぎ(2)「…………」

断片一一三

[1]「…………」不「義」が尽き果てるまで「…………」[2]「…………」平和の訪れ(3)「…………」[3]「……賛」美、そして（それは）憩う「…………」[4]「…………」

保存状態 ――

欄の中央4行が残る小断片。4行目には意味がわかる語はない。

断片一一六

内容 ――

2行からなる小断片。かつて断片九と関係があるとの意見があったが、羊皮紙の状態がまったく異なる。内容的にもこの断片が、そもそも4Q418に属するのかどうかが疑問視されている。

1［……………］水、そして［その］声の轟《とどろ》き(4)に［……………］2［……………］もしも（それが）鎮《しず》まるならば(5)［……………］

断片一一九

1［…………の］業《わざ》［…………］2［…………］の深淵(6)［…………］3［…………］深淵の中で（それは）生まれた(7)［…………］4［…………］水の淵(8)［…………］5［…………］彼らの［…………］

保存状態

縦最大三・一センチメートル、幅二・二センチの小断片。欄の中央5行が残る。

---

(17)「地から生えたもの」と類似する表現が創一九25にある。

(1)「共に」の前に*krmh*と読める語があるが、語義は不明。

(2) 本文書断片一〇七4および六五頁の注（15）を参照。

(3)「訪れ」の原語はペクダー。別訳「報い」「応報」。教訓二4Q416断片一9、教訓三4Q417断片一i7、14など参照。

(4) 海の嵐に関係する表現か。感謝詩1QH XI 17参照。

(5) 神が「鎮める」の意味かもしれない。

(6) 別訳「水底」。ヨナ二4、詩一〇七24、ヨブ四一23参照。

(7) 海の怪物の誕生に関係するのか。

(8) 別訳「底」。詩六九3、15、一三〇1、イザ五一10、エゼ二七34参照。

断片一二一

[1][……]義《ただ》しい裁きをあなたは遂[行される][……][2][……]邪悪な仕業《しわざ》(1)[……][3][……]

保存状態

欄の中央3行が残る小断片。3行目には意味のわかる語はない。

断片一二二第i欄

[1][……]まことに、それらは確立されるでしょう。(2) [2][……]高官(3) [3][……]真実を愛する者(4) [4][……]そしてもし（或る）男が[5][……]あなたの商品(5)（のこと）を理解せよ。(6) そして[6][……][5]するな。[6][……は、]あなたの労苦と比べられな[い]。あるいは、なぜ、なおも[7][……]あなたの商品。そしてそのように[……][8][……]守られるように[……]

保存状態

この断片は幅最大六・五センチメートルあるが（6行目の下）、5-6行目の左の余白を隔てて第ii欄の右端が少し残っている。第ii欄は、かろうじて四文字が読めるだけである。第i欄は左端8行が残っている。

断片一二三第ii欄

内容

動詞ハーヤーから派生した表現が連続して用いられているのが特徴的である。教訓三 4Q417 断片一ⅰ欄と共に、謎めいた表現ラズ・ニフヤ（起こるべきことの秘義）について考察する上できわめて重要なテクストである。

[1]［……………］[2]年々の入口に[7]、また時の出口[8]［……………］[3]その中で[9]起こるべきことのすべて[10]。何のために起こったのか[11]。また何が起こるのか[12]。［……］[4]起こるべきことの秘義[13]について、英知ある者[14]たちの耳に啓示された[15][16]彼の

（1）「邪悪な礼拝」の意味か。教訓二 4Q416 断片一10参照。
（2）別の可能性として、「彼らは確立するでしょう」。
（3）原語はサル。別訳「君主」。天使に対して使われることもある。
（4）神のことかもしれないが、人間の可能性もある。ゼカ八19参照。
（5）本文書断片一〇三ⅱ6、断片一〇七4参照。
（6）次に禁止がきているので、命令法と判断した。
（7）意味のよくわからない表現。「入口」と訳したマーボーは、「始まり」の意味か。
（8）「時」原語ケーツの複数形が用いられている。聖書では単数形ケーツが「終わり」の意味で用いられるが、複数形の用例はない。死海文書では「時」「時節」「時代」の意味で頻繁に複数形が用いられる（断片七七4、断片八一13など）。ここでの正確な意味はわからない。
（9）「その」は、女性名詞の単数を受けるが、先行する部分が欠損しているので不詳。
（10）動詞ハーヤーからの派生語ニフヤには定冠詞がついており、ニファル分詞と考えられる。解説参照。
（11）動詞ハーヤーのカル完了形で過去の出来事に言及しているのであろう。
（12）動詞ハーヤーのカル未完了形でおそらく未来のことに言及。
（13）原語ラズ・ニフヤ。解説参照。
（14）原語はメーヴィーン。教訓三 4Q417 断片一ⅰ1および解説を参照。

時［……］[5]［そして］あなたは英知ある者。あなたが、これらすべてを注視するときに(1)［……］[6]［……］あなたの業《わざ》を、時と共に量りなさい［…………］[7]［……］あなたに報いる。力強く［……］から、あなたを守りなさい［……］

[8]［……］不義を裁［く…………］[9]［…………］

保存状態

この断片は、右端上方に第i欄の左端5行を含む。ここには意味のとれる語は四語しかないので翻訳しない。第i欄と第ii欄との間には幅約一—二センチメートルの余白がある。第ii欄は、最大幅が3行目あたりでは六センチ以上ある。欄の右端が9行残っているが、1行目は一文字の下の方しか見えない。9行目も判読は不可能である。

断片一二六第ii欄

内容

神の世界統治と終末論的な希望としての応報について語っている。経済生活に関連する語が頻出するが、ここでは応報について比喩的に語るために用いられているのであろう。

[1]［……］彼らの軍勢の中の一人は、止めな［い］であろう。［……］[2]［……］真実をもって、人々のあらゆる資産のもとから、(2)［……］[3]［……］真実のエファ(3)と正しい計量によって、神はすべての［……を］測定した。[4]［……］彼はそれらを広げた。彼は真実をもってそれらを定めた。それらを愛《め》でる者たちによって、それらは探求される。(4)［……］[5]すべては隠されるであろう。またさらに、彼の意思(5)なしには、それらが出来《しゅったい》することはない。そして［彼の

知］恵から［……］[6]裁き、悪事の主たちに(6)報復するために。(7)そして応［報］の訪れが(8)［……］[7]邪悪な者たちを閉め出すために、また弱い者たちの頭を上げるために(9)［……］[8]永遠の栄光ととこしえの平和のうちに。そして生ける者の霊を［……から］分けるために。［……］[9]エヴァのすべての子ら。(10)そして神の力と彼の多大の栄光によって、彼の善意と共に［……］[10]そして彼の信実に終日、彼らは思い耽《ふけ》り、絶えず彼らは御名《みな》を賞め讃えるでしょう。［……］[11]（余白）しかし、あなたは真理のうちに歩みなさい。すべての［……を］探求する者たちと共に、(11)［……］[12]そしてあなたの手をもって、彼女の資産。(12)あなたの籠(13)から、彼の喜びを彼は探求するでしょう。(14)しかし、あなたは分

(15)「耳に」と訳した際の「に」の原語エルないしエールは、前置詞のエルと解釈した。しかし、教訓二 4Q416 断片二iii 18行目などを参照してエール「神」と読むこともできる（二一頁の注（5）を参照）。別訳「神が英知ある者たちの耳を開いた」。

(16)「彼」はおそらく「神」。

(1) 教訓三 4Q417 断片一i2の注（2）を参照。

(2) 逐語的には「資産の手から」。「資産」については教訓二 4Q416 断片二ii1および一三頁の注（12）を参照。

(3) 教訓一 4Q415 断片一一3と七頁の注（12）参照。

(4) 詩一一一2「ヤハウェの業は偉大、それらを愛でるすべての者によって探求される」を参照。「それら」は、おそらく神の御業（複数）を指す。

(5)「意思」原語ラツォーン。別訳「好意」「恩寵」。

(6)「主たち」*b'ly* = בעלי は、「仕業」*p'ly* = פעלי の誤記かもしれない。

(7) 申三二41、43と比較せよ。

(8)「訪れ」ペクダーは、他の箇所では「報い」と訳した語。ここには「応報」「賠償」を意味するシッルームがあったと推定される（語頭のシンの文字しか判読できないが）。

(9) アモ二7「弱い者たちの頭を地の塵に踏みつける」と対照的な表現。「弱い者」原語ダルの用例は、『教訓』ではここだけ。

(10)「エヴァのすべての子ら」は、聖書にも外典・偽典にも用例が見当たらない独特の表現。

(11) 文字が欠損していて、推読による。

(12) 教訓二 4Q416 断片二ii1および一三頁の注（12）を参照。

(13) 本文書断片一〇三ii3および六五頁の注（1）参照。

(14) 本文書断片八一＋八一aの18行目参照。「彼の喜び」は、

[別ある者][……][13]そして、もしもあなたの欠乏に彼の手①が及ばないならば、そして彼の資産の欠乏②[……][14][……]彼の口。そして神は彼の喜ぶところから、（それを）備えるであろう③。まことに、神は[……][15][……]あなたの手を利得に。そしてあなたの家畜は溢れる④[……][16][……]永遠[…………]

保存状態

縦最大一〇・五センチメートル、幅八センチのかなり大きな断片である。第ii欄は16行を含む。第i欄で判読可能なのは一字だけである。第ii欄4-13行目あたりには両欄の間に一センチ以上の余白がある。つまりこの部分は第ii欄の右端が保存されていることになる。各行の元の長さはわからない。

断片一二七

[1][……]あなたの源。そしてあなたに欠乏しているものを、あなたは見つけてはならない⑤。だが、あなたの魂は、あらゆる良いもの（に欠乏して）死に向かって衰える⑥[……]。[2][……]終日。あなたの魂は慕い求める、あなたが彼女⑦の門に入ることを。そしてあなたは葬られ、[地があなたを]覆うであろう。[……][3][……]あなたの身体⑧。そしてあなたは歯⑨の餌食となるだろう。また死に直面して熱病の食い尽くすものと⑩（なるだろう）。[……][4][……]彼らの振舞いのゆえに喜びを[求]める者たち⑪をあなたは抑圧した。さらにまたあなたは[……][5][……]あなたに。まことに、資産⑫を慕い求めるすべての者たちを神は造った。彼は真実をもって⑬、彼らを測った。[……][6][……]（まこ）とに、正しい天秤⑭によって、彼は彼らのあらゆる規格⑮を量った。そして真実をもって[……][7][…………]

保存状態

上縁と欄の中頃の1－7行目が残っている。1行目が最も長く九・六センチメートルある。各行の元の長さは不明であるが、1行目の大部分は残存しているようである。7行目に意味のわかる語はない。

断片一二八＋一二九

1あなたの平安［…………］2［……］の面前で［…………］3あなたのあらゆる喜びもまた［…………］(16) 4誓いをもって［…………］

「神の喜ぶこと」の意味か。なお「喜び」も4行目の「愛でる」も語根はいずれも*hps*である。

（1）「彼の手」は、「彼の資力」の意味であろう。レビ五11参照。

（2）教訓三4Q417断片二ii3（=4Q416断片二ii1）参照。

（3）「神」エールは、母音を付け替えて、禁止のアルと読むこともできる。別訳「彼の喜びから（それを離して）置くな」。

（4）ヨブ一10に似た表現。

（5）教訓二Q416断片二iii2-3および一七頁の注（12）参照。

（6）動詞「衰える」原語*d'b*は、聖書にエレ三一12、25、詩八八10にしか用例のない語。

（7）「彼女」は、おそらく女性名詞のエレツ「地」を受ける。

（8）「あなたの死体」の意味。

（9）野獣の歯の意味。申三二24参照。

（10）「熱病の食い尽くすもの」レフメー・レシェフは、申三二24からの引用。

（11）「英知ある者」に敵対する者を「快楽を追求する者」であると論難しているのであろう。

（12）教訓二4Q416断片二ii1および一三頁の注（12）を参照。

（13）別訳「真理によって」。

（14）レビ一九36、エゼ四五10参照。さらにヨブ三一6の比喩的な表現「彼が正しい天秤で私を量るように」を参照。

（15）原語ティックーンは、死海文書で頻出する語。ここでは感謝詩1QH XX 8, 11, 12を参照して「規格」と訳す。

（16）判読は困難。

保存状態

断片一二八は欄の右端4行が残る小断片。断片一二九は、3行目の四字のみ残る。

断片一三〇

1世界は輝く①［…………］2病は、［彼らの］報酬［…………］3［……］誓願［…………］

保存状態

欄の右端3行が残る小断片。

断片一三七

1［…………］2［…………］両手の［技］能②を、彼③はあなたに増し加える。［…………］3［……］あなたの報酬④［………………］に関する義《ただ》しさ、まことにあなたの労働に［……］4［……］あなたの寿命⑤は、著しく長くなる。そして［……………………］5［…………］あなたの一日の稼ぎ⑥［…………］6［…………］

保存状態

欄の中央6行が残るが、1行目と6行目には意味がわかる語はない。4行目の幅が最も広く四・五センチメートルある。

断片一三八

1［…………］2［…………］父からの嗣業地《しぎょうち》の割り当て(7)。そして［…………］3［…………］落胆したあなたの頭(8)を［上げよ］。そして［……の］悦楽のうちに［……］4［…………］あなたに傾かない(9)。そしてあなたの望む(10)すべてのこと［…………］

保存状態

欄の中央が4行残る小断片。最大幅は三・三センチメートル。1行目には判読可能な文字がない。

断片一三九

1［…………］2［…………］あなたの両手の技能(11)によって3［…………］すべてに

（1）別の可能性として「あなたは世界を照らす」。
（2）職人としての技能のこと。「技能」の原語は、「知恵」を意味するホクマー。本文書断片八一＋八一a15、断片一〇二3参照。
（3）「彼」は、神を意味するのであろう。
（4）創二九15、三一7、41、ルツ二12参照。
（5）逐語訳「あなたの日の長さ」。
（6）断片一〇七4参照。断片一三〇2では「報酬」と訳した語。
（7）申三三9、詩一〇五11参照。
（8）「頭」は、判読が困難。
（9）解釈が困難な表現。教訓二4Q416断片二ii7参照。
（10）別訳「あなたの気に入る」。
（11）「技能」の原語は、「知恵」を意味するホクマー。勧告の聴き手が職人であることを示す。本文書断片八一＋八一a15、一〇二3、一三七2参照。

断片一四〇

1[……………]2[……………]跳びのく①あなたの[……………]3[……………]あなたは秘密を隠してはならない②
[……………]4[……そのとき]あなたは君主[たち]にまさる③君主④を知るであろう[……………]

保存状態

縦最大四・二センチメートルの小断片であるが、下縁が約一・七センチある。4行からなるが、1行目に意味のとれる語はない。

断片一四六

1[……………]2[……………]雇[い人を]搾取してはならな[い]⑤[……………]3[……………]

保存状態

3行からなる小断片。但し、1行目と3行目は読めない。残存部はきわめて小さいが、意味は推定できる。

断片一四七

1[……………]2[……………]真実[……………]3[……………]燃え上がる怒りに⑥[……]4[…………不]義
の[中を]あなたは歩き回った。そして[……………]5[……][……の]仕事について熟慮せよ[……………]6[…
……]熟[慮せよ……………]7[……………]8[……………]そしてもしも[……………]

保存状態

縦長の欄の中央部8行を含む小断片。3–5行目以外は読める文字は少ない。

断片一四八第ii欄

1［……………］2その中に宿る者たち(7)［……………］3すべて［……を］投げ棄てる者たち［……］4（余白）あなたは、貧［しい］(8)人［……………］5あなたの仕事の知識。そしてそこから、あ［なたは……………］6往時《おうじ》のことども(9)に関する認識を［……］に置きなさい(10)。［……］7知識、そして人々のあらゆる書く術(11)において［……………］8あなたの業《わざ》と［あなたの］唇の実(12)の中の誠実さ［……………］9永遠［……………］

（1）動詞 *ntr* を推定したが、文字の判読は困難。
（2）解釈はきわめて困難。「秘密」の原語はソードで「評議会」「会議」「基」などとも訳される語。「隠す」と訳した動詞は普通「行う」と訳される語。アラビア語から「隠す」「覆う」を推定する意見を採用した。箴一三16の同じ動詞も「隠す」と解釈する者がいる。
（3）「君主」の原語はサル。「にまさる」と訳した箇所の綴り字には疑義が提示されている。
（4）「神」の意味。
（5）申二四14、マラ三5参照。別訳「［雇い人の賃］金をかすめてはならな［い］」。
（6）ヨブ四〇11参照。
（7）本文書断片一七六2を参照。動詞「宿る」の聖書での用例は詩八四11だけ。
（8）教訓二4Q416断片二ii20、教訓二4Q416断片二iii2を参照。
（9）「往時のことども」原語カドモニヨートについては、秘義1Q27断片一i3+4Q300断片三、賢者4Q298断片三―四ii10を参照。聖書ではイザ四三18に用例がある。
（10）「あなたの前に置きなさい」、あるいは「あなたの心に置きなさい」のような表現が推定される。幸い4Q525断片一四ii18参照。
（11）聖書には詩七一15にだけ出る表現。

保存状態

縦最大六・三センチメートル、幅六・七センチのかなり大きな断片であるが、中央右寄りに第i欄と第ii欄とを区分する幅一・〇—二・〇センチの余白がある。第i欄には意味のとれる語が少ないので訳は提示しない。第ii欄には2-8行目に二—四語判読可能な語がある。

断片一五八

1［…………］2まことに［……を］待ち伏せする者たち①［……］3あらゆる喜びを［探］求せよ②［…………］4あなたの業を認識している者③［…………］5あなたの顔④。そして王たちはあなたを栄化《えいか》するでしょう［…………］6［……］あなたの［……］［多］くの賢明さ⑤［…………］7［…………］

保存状態

7行からなる小断片だが、1行目と7行目には判読できる文字はない。4-5行目の右端にわずかに余白が残っているので欄の右端であったと推定される。

断片一五九第ii欄

1復讐［…………］2彼女が不実を働くこと、災難⑥［…………］3彼⑦の義をもって、また［彼の］大能《たいのう》の力をもって⑧［…………］4義の業に拠り頼むこと⑨［…………］5あなたの歩み。そして欠［乏］に⑩［…………］6あなたの栄光の測定⑪［…………］7大地は堅く立った［…………］8［…………］

保存状態

縦最大五・三センチメートル、幅四・四センチからなる断片で、二つの欄から構成される。第i欄には8行が認められるが、十文字しか判読できない。第ii欄には欄の右端8行が残るが、8行目では一文字が判読できるだけである。

断片一六二

1[……………] 2[……………]まことに、あなたがたは言った[……………] 3[……………][彼は]彼の嗣業を増

(12) 言葉のこと。

(1) 「待ち伏せする」はおそらく比喩的な意味で用いられている（箴一二6参照）。

(2) 本文書断片八一＋八一a18および五七頁の注（12）参照。

(3) 「認識している者」の原語はメーヴィーン。別訳「英知ある者」。メーヴィーンは、勧告の受け手であるから、呼格の可能性がある。「あなた自身の業を認識している、英知ある者よ」の意味であろうか。

(4) 「顔」の綴り字は、修正された形跡が残っている。

(5) 別訳「豊かな洞察力」。教訓4Q423断片五8、秘義4Q299断片八6参照。

(6) 「災難」は悪人に臨むのであろう。以下のような推読が可能。「彼女が不実を働くときに、災難が彼女を襲う」。

(7) 「彼」は神を意味する。

(8) 感謝詩1QH V15, XII 33, XXIII 9参照。

(9) おそらく「拠り頼め」の意味。感謝詩1QH XII 37, XV 21, XVIII 19, XIX 35, XXII 32参照。感謝詩では、拠り頼むのは、常に神の「慈しみ」にである。イザ五〇10をも参照。

(10) 教訓三4Q417断片二i21、教訓四4Q418断片一〇七3、断片一二六ii13を参照しての推読。おそらく「あなたの欠乏のために」の意味。

(11) 教訓四4Q418断片七七4、感謝詩1QH XIII 23参照。

し加える［……………］[4]［……………］永遠の破滅(1)［……………］。そして、あなたには栄［光］があるだろう［………］[5]［……に］襲いかかる。(2) そして［……………］

断片一六五

[1]［……………］[2]［……………］すべての［……の］業《わざ》［……］[3]［……………］英知を洞察せよ(3)［……………］

保存状態

3行と下縁の残る小断片。但し、1行目は読めない。

断片一六七a＋b

復元状況

aとbの二つの断片からなる。4Q415断片一一との重複から、同一の欄の左右にあったことがわかる。4Q415断片一一の訳は先に示したが、これとの関係がわかるように以下に翻訳を示す。注は省略する。

[1]［……………］あらゆる（点）における彼女の測定［……………］[2]［……………］彼らによって。まことに正しい天秤に従って、［……………］[3]［……］彼らは［……］ならな［いところの……］。まことに、こちらの（天秤皿は）上がり、そしてこちらは［下がるが……］。[4]［まさにそれぞれの者が皆、彼らの重さに応じて］、［エファには］エファで、オメルにはオメ［ルで測られるのでは］ない［よう］に。［……］[5]［……］いっしょにではないところの［……］彼らの霊は、その容姿に従って……］。［分別ある者たちよ、まことに、霊たちに応じて彼らは測られる……］。

6［……］あなたは彼らの霊を共に測った［……］彼女の［すべ］ての傷を彼のために数えなさい。そして［彼女の］身体に関して［彼に認識させなさい。……］。7［……そして彼女は彼にとって、彼の］前の障害物のように［なるだろう、……］［……］暗闇の中で彼が（足を）ぶつけた（場合には）［……］8［……………］

断片一六八

1［…………］2［…………］彼は撃《う》った、躓《つまず》き［…………］3［…………］貧［しい者を］欲求する(4)［……………］4［…………］あなたは、英［知ある者］(5)［…………］

保存状態

欄の中央4行からなる小断片。1行目には意味のとれる語はない。

断片一六九＋一七〇

1［…………］嗣業《しぎょう》［…………］2［…………］［彼の］報いと共に、(6)そして［彼の］歩みのうちに［…………］

（1）「破滅」の原語はシャハト。別訳「墓穴」「地獄」。「永遠の破滅」については共規1QS IV 12参照。

（2）箴二八15、ヨエ二9参照。

（3）「洞察する」と訳した動詞は、「洞察せしめる」すなわち「教える」「授ける」の意味にも解釈できる。ダニ九22、秘義4Q300断片一a第ii欄―断片一b＋4Q299断片三cの02行参照。

（4）創三16、四7参照。

（5）教訓の聴き手を指す表現。教訓三4Q417断片一i1などを参照。解説参照。

（6）教訓三4Q417断片一i7参照。

行[3]［…………］教訓［を聴き］、慈しみを愛することによって［…………］[4]［…………］そして、すべての［……］によって［……］[5]［…………］［彼はあ］なたを見張る①［であろう］。［…………］

保存状態

二つの小断片は、物理的状態から同一の欄の左右と判断される。

断片一七二

内容

1-5行目は、「起こるべきことの秘義」に関連する終末論を内容とするのであろう。6行目以下では、『出エジプト記』二二章4節に関係する法的な内容で、羊を飼っている読み手に対する勧告になっている。しかしここに登場する羊飼いは、比喩的な意味なのかもしれない。この場合、羊飼いは教団の指導者であって、群れの羊は、教育を必要とする信徒ということになる。

[1]［…………］起こるべきことの秘義②［……］[2]霊の［……］と［……の］重さ③［……］[3]［…………］あなたの上に確立するであろう、いっしょになるために［……］[4]［…………］道の完全さをもって、［……の］終わり④と共に［……］[5]［…………］各人の嗣業の豊かさに応じて、真実をもって［……］[6]［…………］あなたに、子羊ら⑤と共に［……］[7]［…………］彼女の息子たち、平和。そして彼らが歩むときに［……］[8]［…………］野の獣から、また雛鳥から［……］[9]［…………］［もしも］他人の畑で放牧する［ならば］⑥、彼は弁償するべきである［……］[10]［…………］あなたを［……］あなたの放牧⑦と共に、そして放牧において［……］[11]［…………］彼らのあらゆる

放牧地において、なぜ年(8)［……］12［…………］（連れ）戻しなさい、（それが）［……に］似ないように［……］13［…………］あなたの手［によって］羊群の裁き(9)、そして［あなたの舌(10)］によって［……］14［…………］剣をもって［……］

保存状態

縦最大訳十一センチメートル（幅二・一センチの下縁を含む）ある細長い断片である。幅は最大三・六センチ。

断片一七六

1［…………］あなたの［……］地［…………］2［…………］その中に宿るすべての者(11)。義のために嘆く者たち(12)

(1) 教訓二4Q416断片二ii14、教訓四4Q418断片五五7、断片六九10など、『教訓』で頻繁に用いられている動詞。
(2) 原語ラズ・ニフヤについては、解説を参照。
(3) 教訓一4Q415断片一一9参照。
(4) 別訳「時」。原語ケーツのここでの意味はよくわからない。
(5) 「羊群の中の羊の子ら」の意味。申七13、二八4、18、51参照。
(6) 明らかに出二二4に関連する表現であるが、「放牧する」と訳した語は「火を放つ」とも解釈される。「放牧する」＝「羊を飼う」には、比喩的な意味があるのかもしれない。
(7) 別訳「放牧地」。ここにも比喩的な意味があるのかもしれない。
(8) 「なぜ」は、一度書かれた文字を修正して書き込まれている。ここでは「……しないように」の意味か。
(9) 教訓三4Q417断片三2参照。
(10) 「あなたの手によって」との詩的並行から推定。
(11) 本文書断片一四八ii2参照。
(12) イザ六一3「シオンのために嘆く者たち」を参照。

［………］[3]［………］あなたは、税を取り立てる者①の破滅について熟知する者だ。②［……］するな。［……］

保存状態

3行と幅一・七センチメートルの下縁を含む小断片。横幅は最大四センチ（3行目）である。

断片一七七

[1]［………］[2]［………墓］穴とその果てには［……が］ない奈落［……］[3]［………］そしてあなたの恥辱を覆いなさい。③（余白）［……］[4]［………］そして英知を得よ。④［……］に耳を傾けよ。［……］[5]［………］あなたは貧しい。⑤しかし貴人たちは［……］[6]［………］すべての義人たちは歩んだ⑥［……］[7a]［………］あなたは彼の秘義⑦を知りなさい［……］[7]［………］大いに注意しなさい［……］[8]［………］あなたの資産［……］

保存状態

縦最大四・三センチメートル、幅四・一センチ（2行目）の小断片。6行目と7行目の間に同じ書体の小さい文字で書き込みがある。これを7aとして示す。

断片一七八

内容

断片一六七、教訓一4Q415断片一一と共通する内容を示す。「教訓」の聴き手である「英知ある者」（メーヴィーン）の娘が嫁ぐことに関係していると推定される。

1［…………］2［…………］あなたの家を彼女は助けるでしょう。（余白）［……］3［…………］［……彼女は］基礎となる(8)家を見［出すでしょう。］［……］4［…………］あなたの恥辱を［覆う(9)……］5［…………］

保存状態

欄の中央5行を含む小断片。但し、1行目と5行目には意味のとれる語はない。物理的性質から断片一七七と近い位置にあったと推定される。

断片一八四

内容

人名モーセが出る点は、『教訓』では特異であるが、4Q423 断片一一にもモーセが出る。物質的な繁栄によって神を忘れることがないようにと警告しているのであろう。

（1）「税を取り立てる者」の原語はマドヘバー。教訓二 4Q416 断片二ii14および一五頁の注（22）参照。
（2）「熟知する者」の原語はメーヴィーン。『教訓』の聴き手を指し、他の箇所では「英知ある者」と訳した。
（3）「恥辱」と訳した語の正確な意味が不明なために「覆う」の意味も判然としない。「隠す」の意味か。
（4）逐語的には「取れ」。この動詞は、学識の獲得のような場合にも用いられる。
（5）教訓二 4Q416 断片二ii20、断片二iii2、20参照。
（6）命令形「歩め」かもしれない。
（7）「神の秘義」の意味。
（8）教訓一 4Q415 断片一一13「彼女の基礎」を参照。
（9）本文書断片一七七3参照。

[1]［…………］モーセを通して①［彼は言］った［…………］[2]［……］［……の］日に起こるべきことの秘義について、彼があなたの耳を開く［ときに］②［…………］[3]［……］あなたに。そしてあなたが食べて飽きることのないように、③そして［…………］[4]［……］宿るためにか［…………］

保存状態

欄の中央4行を含み、幅最大四・五センチメートルの小断片。断片の物理的性質が他とやや異なっている。

断片一八五a＋b

[1]［…………］［……に］下る者に［……］[2]［…………］嗣業［…………］[3]［…………］子羊たちに［…………］[4]［…………］あなたは栄［光］を受け継ぐ［…………］[5]［…………］あなた［…………］

断片一八八

[1]［…………］[2]［…………］威厳［…………］[3]［…………］あなたが憩い場に入る④［とき］［…………］[4]［…………］[5]［…………］父祖たち、まことにそ［れ］は好ましい⑤［…………］[6]［…………］契約の業《わざ》は探求されない［…………］[7]［…………］彼らが［聖なる］事柄について誤りを犯さないように⑥［…………］[8]［…………］あなた［とあなたの息子たち］［…………］

断片一九七

1［…………］2［…………］すべてを洞察する[7]［であろう］。そして［……］ない［……］3［…………］そして［……の］命令を学［べ[8]］［……］4［…………］［……の］道［……］

保存状態

欄の中央4行を含む小断片。但し、1行目は読めない。

断片一九八

1常にすべてにおいて［…………］2彼の業《わざ》。そしてその中［…………］3［敵の希］望は潰《つい》える[9]［…………］

保存状態

欄の右上端3行が残る小断片。上縁が縦幅一・九センチメートルある。

（1）直沢「モーセの手によって」。ヨシ二三9参照。
（2）教訓二4Q416断片二iii18および二一頁の注（27）参照。
（3）中八12からの引用。六11をも参照。
（4）詩九五11参照。
（5）創二9、箴二一20参照。教訓4Q423断片一1参照。
（6）レビ五18、民一五28参照。
（7）主語はおそらく「あなたがたは」。別訳「洞察せよ」。
（8）逐語的には「取れ」。
（9）改五4Q365断片六ii4参照。

断片二〇〇

[1]［…………］苦悩①と苦さにおいて［…………］
[2]［…………］［……］のように、②あなたが③輝き出るようにと［……］
[3]［…………］あなたは④想い出さないであろう［…………］

保存状態

欄の中央5行と上縁を含む小断片。4行目は余白となっていて、5行目はかろうじて一文字が判読できるだけである。

断片二〇一

[1]［…………］起こるべきことの［秘義によって］神は［……の嗣］業を知らせた［……］
[2]［…………］すべての不［義］の子らの後ろで（それは）閉じられた⑤［……］
[3]［…………］

保存状態

上縁と欄の中央3行を保存する。但し、3行目には判読できる文字はない。

断片二一一

内容

終末について語っている。断片二一一、二一二、二一四は物理的性質が似ているので、巻物のうちの近い場所にあったものと推定される。

[1]［…………］彼らの［……］[2]［…………］そして彼らの出るときに［……］[3]［…………］彼らのすべての妊娠(6)において、［……］ないか。［……］[4]［…………］不義は滅［びるであろう］。まことに終わりが来《きた》るであろう。［……］[5]［…………］

保存状態

欄の中央5行からなる小断片。但し、5行目には意味のとれる語はない。

断片二一二

内容

断片二一一と同様、終末について語っている。

[1]［…………］王国(7)は揺らぐであろう(8)[2]［…………］裁きの日に[3]［…………］

（1）感謝詩 1QH XIII 15, 36 など参照。

（2）「太陽のように」あるいは「曙光のように」（感謝詩 1QH XII 7 参照）が推定される。

（2）別訳「彼女が」。この場合、神の属性を表す女性名詞が問題になる。例えば、エメト「真実」（＝「真理」）など。

（4）別訳「彼女は」。

（5）感謝詩 1QH XI 19 参照。閉じられるのは、扉ないし門であろう。

（6）綴り字、語義ともによくわからない。

（7）別訳「支配」。

（8）イザ一三13参照。

断片二一四

[……] 真理① [……] [……] 義なる裁[きによって] 彼は[……]であろう② [……]

保存状態

欄の中央2行と下縁を含む小断片。

断片二一九

[……] [……] 驚くべき秘義によって③ [……]

断片二二一

[……] それらを。そして[……]ない[……] [……の]口④[……] [……] 預言者たち。⑤ そしてすべての未熟な者たち⑥を悟らせるために[……] [……] 英知ある者たちに学識を増し[加えるために]⑦（余白）[……] [……] 彼の裁きを知れ。そのとき、あなたがたは[……と……の]間を分けるであろう⑧ [……] [……] 善と[悪と]を知るために洞察を得るであろう⑨ [……]

保存状態

欄の中央5行と下縁を含む断片。横幅最大四・七センチメートル（4行目）ある。

断片二二二

1［……………］息子［たち……］あなたはそれを語った。そして［……………］2［……………］彼の霊に聴［き従え］。そして彼の唇の発言(10)［……………］3［……………］背信の者どもを叱責するため、そして［……］するため［……］4［……………］知れ［……］まことに、［……………］5［……………］

保存状態

欄の中央5行からなる小断片。横幅は最大四・〇センチメートルある。但し、5行目で判読できる文字は一字しかない。

断片二二七

1［……………］［……の］基礎(11)を悟ること(12)［……］2［……………］彼のはかりごとに(13)。そしてあなたは［……］であ

(1) 別訳「真実」。
(2)「彼は（＝神は）裁くであろう」が推定される。
(3) 感謝詩 1QH V 19, IX 23, X15, XII 28-29, XV 30 参照。教訓三 4Q417 断片一 i 2、13をも参照。
(4) 別訳「ことば」。
(5) 死海文書の知恵文学で「預言者」に言及するのはここだけ。
(6)『箴言』では、知恵の教育を必要としている若者を指す語。
(7) 箴一5、九9、教訓四 4Q418 断片八一＋八一a 17参照。
(8) 別訳「区別する」。
(9) 創二9、17、三5、22参照。
(10) 幸い 4Q525 断片八2、感謝詩 1QH XIX 8 参照。
(11) 別訳「立場」。
(12) 原語メーヴィーン。「英知ある者」と訳している語と同じ。ここでは動詞の分詞形として訳した。
(13) 別訳「彼の計画に」。

った。［……］[3]［…………］深淵(1)そして住《すみ》［処《か》(2)…………］[4]［…………開］いた［…………］

保存状態

欄の中央4行を含む小断片。横幅最大二・六センチメートルある（2行目）。

断片二二八

[1]［…………］[2]［…………］彼は、彼女をして支配せしめた。(3) もしもあなたが［ことばを］湧き出したなら、(4)［…
……］[3]［…………］まことに時(5)の裁きをおこなえ(6)［…………］[4]［…………］

保存状態

欄の中央4行を含む小断片。横幅最大四センチメートルある。但し、1行目と4行目には意味がとれる語はない。

断片二三六

[1]［…………］そして、それは更新されるでしょう(7)［…………］[2]［…………］もしも、女(8)［…………］[3]［…
……］あなたの心、聖［なる…………］[4]［…………］（それを）試せ［…………］

保存状態

欄の中央、縦最大二・七センチメートル、幅一・九センチの小断片。

断片二三八

1［……………］賢明な者、[9] そして［……………］2［……………］そして業《わざ》によって［……………］3［……………］永
遠に存続する者たちによって、[10] 洞［察を得よ。[11]］［……………］4［……………］永久の日々［……………］5［……
……］日［……………］6［……………］

断片二三九

1［……………］探せ。2［……………あなたの手による］羊群の裁き。[12] 3［……………］彼らを［探し］求めよ。

（1）詩六九3、16、詩一〇七24、ヨナ二4など参照。
（2）別の推読の可能性として「寝床」。
（3）「支配する」（*mšl*）のヒフィル形が用いられているが、聖書にはこの動詞のヒフィル形の用例はない。
（4）詩一九3参照。
（5）原語は、ケーツの複数形が用いられているらしい。
（6）「おこなえ」は、逐語的には「取れ」。「学べ」の意味かもしれない。
（7）別訳「あなた自身を新たにしなさい」。詩一〇三5、教訓一4Q415断片一ii＋二i9参照。
（8）別訳「雌」。
（9）原語はマスキール。別訳「賢者」。共規1QS III 13以下、IX 12以下、賢者4Q298断片一―二i1では、共同体の教師を指す（詳しくは、賢者4Q298の解説を参照）。教訓二4Q416断片二ii15、教訓三4Q417断片一i25、教訓四4Q418断片八一＋八一a20をも参照。
（10）「天使たち」の意味であろう。本文書断片六九ii7および五一頁の注（2）を参照。
（11）エレ二三20、感謝詩1QH XV 35参照。
（12）「あなたの手による」は、本文書断片一七二13を参照しての推読。他に教訓三4Q417断片三2を参照。

保存状態

欄の右端にあったらしいこの断片は、断片一七二と同じ欄に属していた可能性がある。

断片二四三

[1]［…………］[2]［…………］そして愚行の多い（女）①［…………］[3]［…………］悪の根源②を遣《つか》わす［な］。［……………］[4]［…………］野の果てにおけるように［…………］[5]［…………］そして打撃が語られた③［…………］

断片二四九

[1]［…………の］時［…………］[2]［…………］歩め。そして［……］するな。［……］[3]［…………］彼は貧しい④、そして貧［困…………］

断片二五一

[1]［…………］人⑤の嗣［業⑥……］［……］[2]［…………］そしてあなたの歩み［…………］[3]［…………］非常に［…………］

（1）直接「女」を意味する語はないが、「多い」は女性形。

（2）「不義の根源」（教訓二 4Q416 断片二iii14）および「知恵の根源」（秘義 4Q300 断片一a ii―断片一b＋4Q299 断片三c 03）参照。

（3）「打撃」は、おそらく「疫病」を意味する。「語られた」は誤記の可能性がある。別訳「苦々しい疫病」。

（4）教訓二 4Q416 断片二iii 2 参照。

（5）原語はアダム。ここでは人名の可能性もある。

（6）確かな読み方ではない。

教訓（4Q418a, 4Q418c）

復元事情と保存状態について

『4Q教訓』（4Q418a）に属する合計二十五の断片は、いずれも数行を含む小断片である。大部分の断片は、束になって層状に積み重なった状態で発見された。例えば、束Aには断片一―八が、束Bには断片九―一二が含まれる。これらは互いに癒着していたが、少々乱暴な仕方で無理に引き離されたために、断片の表面が損傷を受け、解読困難になってしまった。羊皮紙はざらざらしていて、非常に薄い。書体は『4Q教訓』（4Q415, 4Q418）ときわめて類似しており、いずれかの写本の一部ではないかとも考えられている。写本は、ヘロデ朝初期に成立したと推定される。

4Q418bは、当初4Q418の中の一断片として扱われていたが（断片一一六および一一二として扱われていた）、その後、「教訓」とは関係がないことが判明した。ここでは訳さない。

4Q418cは、当初4Q418断片一六一として扱われていた。DJD XXXIVの編集者は、使われている羊皮紙の性質、綴り字の違いなどさまざまな観点から、4Q418とは別の写本の一部であったと鑑定した。しかしこれには異論もある。内容から判断して『教訓』の一部と考えてよい。

教訓（4Q418a）

断片二

1 [……………] 彼は彼らを教えるであろう。(1) [……………] 2 [……………] あなたを造った方、(2) まことに [……………] 3 [……………] まことに、彼が [……………]

保存状態

欄の中央3行を含む小断片。

断片三

1 [……………] 2 [……] すべての [……の] 長老とと [もに] [……] 3 [……] コラハ。(3) そして [……………]

保存状態

欄の中央3行を含む小断片。

断片四

1 [……] あなたの地の [産物](4) [……………] 2 [……]。[……と] 同等に扱うな。(5) [……………] 3 [……] それらす

(1) 別訳「それらを洞察するであろう」。教訓四 4Q418 断片一六五3を参照。
(2)「神」のこと。イザ四四2参照。
(3) 教訓 4Q423 断片五1および一〇七頁の注（9）参照。
(4) あるいは「果物」が推定される。
(5) 教訓四 4Q418 断片一〇三ii 4参照。

べてを［彼らは］①よく調べるであろう［…………］4［……］見［出される］［…………］

保存状態

欄の中央4行を含む小断片。4Q418断片一〇三第ii欄と関連するのであろう。

断片六

1［…………］2［…………］3［……］彼らはあなたがたに物語った②［…………］4［……］天の上方［へと］［…
…………］

保存状態

欄の中央4行を含む小断片。

断片七

1［…………］2［…………］あなたは英知ある者だ③。そして［……］3［…………］あなたは［英］知ある者だ。
そして王たち4［…………］

保存状態

4行を含む小断片。但し、1行目と4行目は読めない。おそらく欄の左端であった。

断片八

1［…………］すべてに［…………］2［……］信頼をもって彼らはそれらを悟らせるであろう。そして［……

……］3［……］彼らはそれらを探求しなかった。［…………］

保存状態

欄の中央3行を含む小断片。

断片一二

1［……］［……の］時(4)［……］2［…………］真理の基《もとい》(5)［…………］3［…………］すべての［……の］回帰［…
…］4［……］そして彼は［……］に仕えることはない［……］

保存状態

欄の中央4行と下縁を含む小断片。

断片一四

1［…………］あなたの大能《たいのう》［…………］

（1）「私は」とも解釈できる。
（2）別訳「数えた」。
（3）語順が他とは異なっている。詳しくは解説で説明する。
（4）確かな読みではない。
（5）別訳「真実の奥義」。教訓三4Q417断片一i8参照。この表現は感謝詩1QHに頻出する（IX 29, XIII 11など）

保存状態

欄の中央下1行と下縁を含む小断片。

断片一五

1［…………］2［……］［……に］ならないもの［……］3［……］それらの測定のための一つ(1)、そして［……の］ように［……］4［……］オメルにはオメルで、エ［ファ］には［エファで(2)］［……］

保存状態

欄の中央4行を含む小断片。但し、1行目に意味のとれる語はない。教訓一 4Q415 断片一一 2-3と重複している可能性がある。

断片一六

1［…………］2［……］［……な］しに［…………］3［……］あなたの税を取り立てる者たち(3)の労［苦］［…………］4［……］［……］に入るとき［…………］

保存状態

欄の中央4行を含む小断片。但し、1行目に意味のとれる語はない。

断片一六b＋一七

1［…………］不義［…………］2［……］あなたの霊、場所(4)の主《しゅ》［…………］3［……］［あなたの肉親である］助け手(5)と共に［…………］4［……］行［い…………］5［…………］

保存状態

断片一七は欄の中央3行を含む小断片。これの左上1-2行目を断片一六bが補う。但し、5行目には意味のとれる語はない。

断片一八

1［……］［……］(6)［…………］2［……］あなたの隣人の［……］［…………］3［……］［……と］ころの［……］4［……］［彼は］あなたに権限を与えた。［歩］ませるために(7)［……］

（1）別訳「一人」。

（2）教訓一 4Q415 断片一一 3行目では、「エファにはエファで、オメルにはオメルで」となっている。

（3）原語マドヘバー（単数）の意味については、教訓二 4Q416 断片二 ii 14および一五頁の注（22）を参照。

（4）神殿のある場所を意味する。イザ四5、詩九七2、エズ二68参照。

（5）「妻」のこと。教訓二 4Q416 断片二 iii 21参照。

（6）*lbhw* と書かれているが、語と語との区切りを誤ったらしく、解読できない。

（7）教訓二 4Q416 断片二 iv 7を参照して訳した。

保存状態

欄の中央4行からなる小断片。

断片一九

教訓二 4Q416 断片二ii 14–16と重複する語が六語認められる。該当箇所を見よ。

断片二二

欄の中央5行からなる小断片。教訓三 4Q417 断片二i 12–16と重複する。該当箇所を見よ。

教訓（4Q418c）

1［……………］淵［……………］2［……………］誰が［……］するのか［……］3［……………］その地域(1)［……

…］4［…………］閉じるであろう［……………］5［……………］すべての不義は潰《つい》える(2)［……………］6［……

……］［彼の］業《わざ》を彼らは聴いた［……………］7［……………］彼を賢［明にするため］、また［……］するために［…

…］8［…………］起こるべきことの［秘義］(3)。まことに終［わり］(4)はない［……］9［…………］平安の時(5)［……

……］10［…………］カルメルの頂《いただき》は(6)［…………］

保存状態

高さ最大八・一センチメートル、幅二・三センチの縦長の断片である。10行と縦幅一・五センチの下縁を含む。1行目の上に微妙な幅の余白があり、これが上縁であるのかどうかは決定できない。

教訓（4Q423）

保存状態、および他の写本との関係について

『教訓』（4Q423）には、合計二十四の断片が属する。これらを知恵文書に属する他の写本断片と比較した結果、『教訓』の一部が保存されていることが判明した。まず 4Q423 断片三と四は、それぞれ 1Q26 断片二および一と重複する。さらに 4Q423 断片八は 4Q418 断片八一 ＋ 八一ａと、4Q423 断片九は 4Q418 断片一八八と重複している。

このような事実から農民の生活を扱っているこの写本は、非常に大きな作品であった『教訓』の後半部分の一部であったと考えられる。このことからさらに比較的保存状態のよい 4Q416–417 の主要な断片は『教訓』の前半部にあったと推定され、4Q423 との重複がない理由が説明される。

（1）エゼ四七8参照。
（2）教訓四 4Q418 断片一九八3参照。感謝詩 1QH VI 27, 1QH XIX 25, 29 参照。
（3）解説参照。
（4）「終わり」の原語はソーフ。コヘ三11、七2、一二13参照。
（5）感謝詩 1QH XXI 16, 正義 4Q215a 断片一 ii 6 参照。
（6）アモ一2、九3、王上一八42参照。

書体は、中期あるいは末期のヘロデ朝（前一〇〇―後五〇年頃）の特徴を示す。『教訓』の写本群の中では最も遅い時期のものであろう。

断片一＋二i

内容

農業労働に関する「教訓」の一部であろう。『創世記』二―三章に描かれたエデンの園を想起させる農園の描写が含まれている。

[1]［……］そして賢明にするのに適したあらゆる成熟した果実と、(1)あらゆる麗しい木。[2]［それは］非［常に］賢明にするのに［適した］[1]麗［しい］庭園ではないか。[2]そして彼はあなたに、それに仕え、それを守るようにと、(2)それを支配させた。（余白）［美し］い庭［園］[3]［……土地は］あなたに茨《いばら》と薊《あざみ》を生えさせる。(3)そして、その力があなたに［……を］もたらすことはない。[4]［……］あなたが背くことによって［……］（余白）［……］[5]［……］（余白）彼女の子とすべての孕む母胎(4)［……］。あらゆるあなたの資産(5)をあなたは［……］した。[6]［……］あなたのあらゆる営み(6)において、まことに［あなたに］生え出させたものは皆［……］。常に[7]［……］[6]ない。[7]［……］そして彼らの［……の］植栽《しょくさい》(7)において、［……］悪を［棄て］、善を知ること[8]［…………］彼の道と［……］の道の間[9]［…………］そしてパン［……］

保存状態

断片一は、縦の幅二センチメートル以上の上縁と7行を含む。断片二は上縁と欄の右端の余白を持ち、

2行目から9行目の欄の左端を保存する。両者の断片の形態から同一欄に属していたと判断されるので、二つの断片を合成して解読している。巻物が長期間巻かれたままになった場合、一定間隔でよく似た破損パターンが出現する。この破損パターンを調べることによって、各断片が巻物の外側にあったものか、内側にあったものかが推定可能となる。断片一の場合、四・七センチ間隔で破損パターンが出現し、断片五では六・八センチ間隔で出現する。ここから、断片一は断片五よりも巻物の内側にあったことがわかる。いずれも破損パターンの間隔が短いので長い巻物の比較的内側にあったと考えられる。通常、巻物の一番外側に作品の冒頭部がくることから考えると、断片一と二は、『教訓』の末尾に近い箇所にあったと判断される。

（1）創三6「その木は賢明にするのに適していた」と比較せよ。
（2）創二15参照。
（3）創三18参照。
（4）創三16と関連するのか。
（5）「資産」と訳したオートの語義については論争されている。別訳「倉」「秘密」。教訓二4Q416断片二ii1を参照。
（6）「営み」と訳したヘフェツは、旧約では「喜び」「楽しみ」「望み」の意味で用いられることが多いが、イザ五八13、コヘ三1、17など遅い時代の用法では「仕事」「出来事」の意味になる。『教訓』でも同じような意味にとるべき箇所が多い。教訓三4Q417断片二i12、教訓四4Q418断片八八ii1、断片一二六ii12、14を参照。
（7）「植栽」は、死海文書ではまず神が備えたエデンの園の植栽を表現するが、転じて終末論的な意味での義人の共同体の比喩としても用いられる。感謝詩1QH XVI 6, 本シリーズ第Ⅷ冊『詩篇』八五頁上段の注（8）を参照。教訓四4Q418断片八一＋八一a13には「永遠の植栽」の表現が見られる。

断片三

[1]［……………］［あなたの］力は無駄に［費］やされる①［……］[2]［……］起こるべきことの［秘義②によって］。そしてそのように歩みなさい。そしてすべての［あなたの収穫は……］[3]［増えるであろう。③……］地の所有［に］。そして彼のことばによってすべての［胎《たい》は］みごもる。[4]［……そしてあなたは、あなたの神の前に出なければならない④］、あなたの腹の実⑤の長子と共に、また［あなたの］すべての［家畜の］初子《ういご》（と共に）。[5]［……］あな［たの神の前にくるとき］、次のように言いなさい。「［胎を開くものは］皆、［神に対して］私は聖別します。⑥［…………］

保存状態

欄の中央が6行だけ残っている断片。4行目の幅が最長で約四・八センチメートルある。6行目の文字は判読不可能である。2-4行目には1Q26断片二と重複する語がある。

断片四

この小断片は、これよりも大きな『1Q教訓』（1Q26）断片一に含まれる。1Q26を見よ。

断片五

[1a]［…………］気をつけよ、⑦あなたが［……］しないように。⑧[1]［…………］コラハの裁きを。⑨そしてあなたの耳を[2]［起こるべきことの秘義に］[1]彼が開く時に、⑩[2]［……］そしてあなたの［……］［あなたの］家父長⑪［……］とあなたの民の指導者。⑫[3]［……彼は］すべての支配者⑬たちの嗣業《しぎょう》を分割した。⑭そして彼の手によってすべての［被造］物を彼は形造った。そして彼は［彼らの業の］報酬を知っており、[4]彼らすべてを真実をもって裁［くであろう⑮］。そ

して父祖たちと子孫とに報いるであろう、すべての生粋の者たちと共に[寄留者](16)たちにも。彼は語るだろう[……もしもあなたが]農夫(17)[ならば]、夏の定めの時(18)を吟味しなさい。そしてあなたの収穫物を集めなさい、しかるべ

（1）レビ二六20からの引用。呪いのことば。
（2）「起こるべきことの秘義」（ラズ・ニフヤ）については、解説を参照。
（3）祝福について語られていると推定。ネヘ九37参照。
（4）出二三17、三四23参照。
（5）申二八11参照。
（6）出一三2、12、15、三四19、民三13参照。
（7）「気をつけよ」（出一九12参照）は、大きな文字で書かれている。
（8）［……］の部分には小さな文字で三語書き込まれているが、判読が困難である。「あなたが祭司のレビに背かないように」と読む者がいる。
（9）民一六章で語られるコラハに対する神の裁きは、終末における裁きの典型とされる。
（10）教訓 1Q26 断片一4、教訓二 4Q416 断片二iii18、教訓四 4Q418 断片一二三ii4などの並行箇所から「起こるべきことの秘義に」が補われる。
（11）原語はローシュ・アヴォート（ראש אבות）。但し最初の二文字は推読。民三六1に類似表現がある。
（12）原語のナスィは、旧約では王国成立前の時代の部族社会の指導者をさす。民一六2では、コラハの謀反に加担した二百五十名をナスィと表現している。また、この語は、クムラン文書では終末時の指導者を指す。戦い 1QM III 15–16, V 1など。
（13）原語はモーシェール。
（14）クムラン文書では「嗣業を分割する」は、人の運命が神によって予定されていることを意味する表現である。教訓四 4Q418 断片八一＋八一a20参照。共規 1QS IV15 以下の類似表現も参照。
（15）世の支配者たちに対する終末の裁きについては、ソロ知恵六1以下を参照。
（16）「寄留者」と訳したゲールは、クムラン文書では「改宗者」を意味することがある。
（17）原語のイーシュ・アダマーは、ノアに対する表現と同じ（創九20）。
（18）「定めの時」の原語モーエードは、「祭日の集会のために定められた期間」の意味になる。共規 1QS I 15, X 5–8, ダマ CD III 14, VI 18 参照

き時に、また［季節の］変わり目に(1) [6]［……］。あなたのすべての収穫物をよくわきまえなさい。そしてあなたの労働をよく理［解］しなさい。悪と共に善を［知ることによって］。[7]［……］愚行の主と共に賢明な人［……］いかにも、[8]［賢明な］[7]人[8]［……］すべての［……］彼は言うであろう［……］彼の多［くの］賢明さ(2)［……］[9]［……］彼のすべての［道］において［……］あれ。［……］ない［……］[10]［……］あなたがたの中で、そして［……］さえ［……］

保存状態

10行を保存するかなり大きな断片である。1行目の上方には、別の書体による書き込みがあるので、これを1aとして示す。全体は2行目あたりで欄の左右が繋がっている複雑な形をしている。4-6行目は小さな欠損部の大きさがわかっているので、推読によって各行のほとんどが復元できる（各行の長さは約十二センチメートルと推定される）。4-6行目の左端には余白が残っているので、そこが欄の左端であったことがわかる。

断片六

[1]［…………］[2]［…………］彼は与えなかった。（余白）［…………］[3]［…………］あなたがたの心。そしていったい何が、すべて［…………］[4]［…………］神はすべての［……］に義《ただ》しい裁き手(3)である［……］[5]［…………］富と［…………］

保存状態

欄の中央5行を保存する小断片。なお、1行目で判読可能なのは一字だけである。

断片七

1［…………］まことに2［…………］あなたの憤激④3［…………］そして父の慈しみのように⑤4［…………］すべ［ての］彼⑥の［業《わざ》］と彼の慈しみ5［…………］彼はあなたに命じた［……］6［…………］5しないように6［…………］一日に。7［あなたの耳を起こるべきことの秘義に］6開かない［だろうか］⑦。7［……］あなたがたの心を悟らせるために

保存状態
複雑な形状の小断片で、7行を含む。左端に余白があるので欄の左端であったことが分かる。

断片八

教訓四 4Q418 断片八一 1-5と重複。

（1）「変わり目」の原語テクファーは、天文学用語。共規 1QS X 1, 感謝詩 1QH XX 8 参照。
（2）別訳「豊かな洞察力」。教訓四 4Q418 断片一五八 6、秘義 4Q299 断片八 6参照。
（3）詩七12、九5参照。
（4）教訓二 4Q416 断片四 2、教訓四 4Q418 断片八六 1参照。
（5）ダマ CD XIII 9 参照。
（6）「彼」は神を意味する。
（7）本文書断片五 1-2、教訓 1Q26 断片一 4参照。

断片九

教訓四 4Q418 断片一八八1–8と重複。

断片一二

1［……］掟［……］欠乏［…………］2［……］彼の嗣業、そして［あなたの手を］伸ばした後で［…………］
3［……］あなたの収［穫］の日［々］に［…………］4［…………］

保存状態

幅最大三・三センチメートルの小断片で4行を保存する。

教訓（1Q26）

内容、他の写本との関係など

この写本断片は、クムラン第一洞穴から発見された最初の七つの巻物の一つであって、発見当初は『外典創世記』と名づけられていたものである。その後、第四洞穴から発見された知恵文書である『教訓』4Q415-418 および 4Q423 の研究が進むにつれて、1Q26 も同じ作品に属することが明らかになった。まず 1Q26 断片一と 4Q423 断片四および 1Q26 断片二と 4Q423 断片三が重複していることが確認された。つまり農民の生活について語っている両者は同一の作品の写本である。続いて 4Q423 断片八が 4Q418

断片八一＋八一aと重複していることが明らかになり、1Q26は、4Q423と同様、『教訓』の後半部分の一部であることが判明したのである。断片一は、比較的大きいものであって、これのみを以下に訳す。

断片二―五は小さい。

書体は、初期あるいは中期のハスモン朝の特徴を示す。

断片一

1［…………］起こるべきことの秘義によって(1)［…………］2［…………］(2) 3［…………］あなたの収穫［……］4［……］彼が起こるべきことの秘義によってあなたの耳を開く時に(3)［……］5［……］あなたに。自ら気をつけよ(4)。あなたが自分を、彼よりも重んじることのないように(5)。そして［……］6［……］あなたは、あなたのすべての収穫のゆえに呪われる。そしてあなたのすべての業《わざ》のゆえに辱《はずかし》［めら］れる(6)［……］7［……］あなたの係争(7)。そして彼の手をもって(8)、彼は［あなたの判決を］遂行する。そして彼に言う。「私が［あなたの］分《ぶん》である(9)。［……］」

(1)「起こるべきことの秘義」（ラズ・ニフヤ）については、解説を参照。
(2) 行の中央に定冠詞付きのマゾールと読めそうな語がある。この語は感謝詩 1QH X 29で「星座」と訳した語。
(3) 教訓二 4Q416 断片二iii 18、教訓 4Q423 断片五1－2参照。
(4)「自制せよ」の意。
(5)「……ないように」と訳した語はラマー。通常「なぜ」と訳される語だが、同様の用法は教訓四 4Q418 断片八八ii 3にもある。
(6)「呪われないように」「辱められないように」と書かれていたのであろうか。
(7) 欠損部を推定すると、「あなたの係争において神はあなたを義とする」とあったのであろうか。
(8)「彼」は神の意味であろう。「神の力によって」の意味であろう。
(9)「分」は、「割り当て分」つまり「嗣業の地」と同義的。

と。8［……］すべての［……］の面前で、［私は］あなたを大いなる者としよう(1)。9［…………］

保存状態

幅広のハート型を逆転させたような形状をしており、9行が保存されている。4–7行目は意味のわかる語が多くなっているが、2行目と9行目には意味のとれる語がない。6–7行目の中央の欠損部は小さいので推読によって補われる。5–7行目には 4Q423 断片四と重複する語句がある。

断片二

4Q423 断片三を見よ。

《解説》

名称と位置づけ

『教訓』は、繰り返し現れるラズ・ニフヤ——「起こるべきことの秘義」と訳している——という独特の表現を特徴とする知恵文学である。死海文書の研究の初期においては、まず、発見されたおびただしい数の写本断片の照合が進んでいなかったために、かなり大きいと予想されたこの文書の範囲が定まっていなかった。また内容に関しては、解読された比較的大きな断片から黙示的終末論を持つ知恵文書とされた（4Q416 断片一、4Q417 断片一第 i 欄などを参照）。同時に隣人との付き合い方や金銭取引が問題になっていることも明らかになったが（4Q416 断片二第 ii 欄、4Q417 断片二第 i 欄など参照）、ここで言及されている「貧しさ」を意味する語が文字通り経済的な意味なのか、比喩的な意味なのかが議論になった。また実践的な内容の勧告は、周辺的なものであって、この文書全体にとって大きな意味はないとするような研究者も存在した。つまり研究の初期においては、黙示的な世界観と細々とした実生活上の指示や勧告とは、適合しないと考えられていたのである。しかし、写本断片の綿密な照合が進み、テクストが復元されていくにつれて、この文書の読者は実際に経済的に困窮していることが明白になった（この点については、Catherine M. Murphy の研究が重要である）。また、この文書が『箴言』や『ベン・シラの知恵』のような伝統的なイスラエルの知恵文学の系列に属することも認識されるようになった――当然、エジプトなど古代オリエント世界に共通する教訓文学の系列にも繋がっている。神学的には壮大な宇宙論的・終末論的枠組みを持ちながらも、実生活上のさまざまな問題に関する勧告を行っている知恵文書なのである。

この文書の名称としては当初「知恵文書A」（Sapiential Work A）やヘブライ語の Musar Le-Mevin（訳すと「英知ある者への教訓」）が用いられてきたが（他には The Secret of the Way Things Are も用いられた）、DJD XXXIV（1999）の校訂本文が出版されて以降は、一般に 4QInstruction が使用される。これには 1Q26 も含まれるが、本書では単に「教訓」とした。なお、読者の便宜を考慮して 4Q415, 4Q416, 4Q417, 4Q418 に関しては、それぞれ「教訓一」から「教訓四」までの文書名を用いることがある。この文書の範囲に関しては、長く論争されてきたが、DJD XXXIV の編集者である John Strugnell, Daniel J. Harrington, Torleif Elgvin の綿密な文献学的研究によって確定された。すなわち「教訓」を構成するのは、1Q26、4Q415-418、4Q418a、4Q418c、4Q423 である。但し、各断片の本来の位置に関しては、大雑把なことしかわかっていない。翻訳の底本としたのは、DJD XXXIV である

神の約束の言葉、「私（自身）があなたの分である」については、民一八20参照。

（1）別の推読として、「私はあなたの嗣業を大いなるものとしよう」も考えられる。

が、これを再検討した Eibert J. C. Tigchelaar の研究をも参照した。

『教訓』とクムラン教団

この文書に含まれる諸断片は、八名の書き手によって筆写されていたことが確認される。しかも発見された断片数はきわめて多い（例えば、4Q418「教訓四」だけで三百三の断片が数えられている）。このような事実から判断すると、長い巻物になっていたと想定されるこの知恵文書がクムラン教団にとってきわめて重要な文書であったことは間違いない。但し、「義の教師」を思わせるような表現がまったくないこと、勧告の聴き手が妻帯していること（後述参照）などから、これがいわゆる「クムラン文書」に属するのかどうかが論争されている。

『教訓』の著者、ないし語り手が誰であるのかはわからない。「義の教師」とはなんら関係がないし、クムラン教団とどのような関係にあるのかもよくはわからない。勧告の読者、ないし聴き手は、ヘブライ語でメーヴィーン「英知ある者」ないし「分別ある者」と呼ばれている。4Q417 断片一第i欄1行目は、メーヴィーンに対する呼びかけではじまっている（ここが、作品の冒頭部である可能性がある）。訳文では「しかし、あなたは、英知ある者」と訳したが、この箇所の「あなた」「英知ある者」は呼格と解釈されるから、厳密には「だが、なんじ、英知ある者よ」と訳すべきであろう。英訳では、“And thou, O understanding one” などと訳されている。同じ表現は、4Q416 断片四3、4Q418 断片八一＋八一a15などにもある（但し、4Q418 a断片七2は、語順が違うので直訳しても、「あなたは英知ある者だ」となる）。知恵文学の伝統からすると、賢者の勧告の聴き手が「英知ある者」と呼びかけられるのは尋常ではない。例えば『箴言』では、勧告の聴き手は未だ十分な知恵の教育を受けていない若者であるから「未熟な者」「私の息子」などと呼ばれる。『教訓』の場合に、聴き手が「英知ある者」とされているのは、「学校の生徒」や「一般人」が問題なのではなくて、すでに「秘義」について知っており、このような特別な教えをある程度受け入れている者が問題になっているからである。そうであるとすると、『教訓』の聴き手は、クムラン教団のメンバーであるか、あるいは何らかの運動の参加者であると考えるしかない。さらに注意すべきなのは、このような聴き手が、すでに妻帯している成年男子であって、職業労働に従事していることである。彼らの大多数はおそらく農民であった（4Q418 断片一〇三第ii欄、4Q423 断片三、断片五参照）。また職人もいたと考えられる（4Q418 断片八一＋八一a15、断片一〇二3、断片一三七2）。しかも彼らは、経済的には貧困であったことが特徴的である。

ラズ・ニフヤ

『教訓』全体の鍵語となるラズ・ニフヤ（ないしラズ・ニフイェ）については、『秘義』の解説でも述べるので多少の重複が生じるが、ここでも重要な点を説明しておく。まず、「秘義」を意味するラズ（*raz*）は、旧約では『ダニエル書』二章18節以下にしか出てこないアラム語であって、ペルシア語起源であるとされる。『ダニエル書』で啓示される秘義の内容は、「終わりの日に何が起こるのか」（二28）に関するものであって、特別な知恵を与えられた者だけに夜の幻の中でそれが告げられる。ニフヤは、ヘブライ語の動詞ハーヤーのニファル形である。旧約での用例は多くはないが、特殊な表現というわけではない。

『教訓』におけるラズ・ニフヤ（*rz nhyh*）の正確な意味を確定しようとする際に問題なのは、ニフヤの時制がよくわからないことである。この点を明らかにするために よく取り上げられるのが、4Q417 断片一第i欄の用法である（4Q418 断片一二三第ii欄をも参照）。3行目以下は、以下のように訳される。「そして起こるべきことの秘義（*rz nhyh*）を注視せよ、また往時の業を。何のために起こる（*nhyh*）のか、また何が起こる（*nhyh*）のか」。5行目には、同じ動詞ハーヤーの現在分詞と考えられる「起こっている」（*hwy'*）も出てくる。ニフヤは、過去の出来事に関係する表現「往時の業」、現在の出来事に関係する表現（*hwy*'）と対応する将来の出来事に関係する表現ではないかと、ひとまずは考えられる。「起こるべきことの秘義」という訳語は、このような理解からきている。しかしながら、ここには多少の問題が残る。

ラズ・ニフヤは、探求の対象であるばかりか、「注視」の対象でもある（4Q417 断片二第ⅰ欄10–11、4Q417 断片一第ⅰ欄18）。4Q417 断片二第ⅰ欄10–11の「起こるべきことの秘義を注視せよ」の場合は、占星術と関係があるように読める（11行目、他に 4Q416 断片二第ⅲ欄9参照）。またラズ・ニフヤは「驚くべき秘義」と同義的に使用されている（4Q417 断片一第ⅰ欄2–3行目など）。この「驚くべき秘義」は、『感謝の歌』でよく用いられる表現でもあって、神による天地創造との関連で用いられる。4Q417 断片一第ⅰ欄のみではなく、4Q418 断片一二六第ⅱ欄で、神の世界統治が問題になっていることにも注意する必要があろう（ここでの鍵語は「真理」と「探求する」である）。4Q416 断片二第ⅲ欄15行目以下では、「注視」「起こるべきことの秘義」が、父と母を重んじることや結婚との関連で問題になっている（4Q416 断片二第ⅳ欄をも参照せよ）。このような実践的な勧告の聴き手は、経済的な意味での「貧困」の現実の中で生活している者である。『教訓』におけるラズ・ニフヤの用法を、徹底的に調べたM・J・ゴフ（Goff）は、ラズ・ニフヤを神の創造した世界ないし宇宙の秩序が、まさにそのようなものとして存在していることに関する秘義として理解する。この表現は、単に将来の出来事に係わるのではなくて、黙示終末論的な視点から把握される歴史の全体、神による世界統治の全体に係わるのである。

聴き手、貧困層

『教訓』の聴き手の置かれている経済状態については、古代イスラエルの伝統的な知恵の立場を表現している『箴言』、あるいは『教訓』とほとんど同時代に成立したことが想定される『コーヘレト書』『ベン・シラの知恵』との関連で議論されている。『箴言』の古い伝承層では、勤勉な労働が富を生みだすことが強調されており、隣人の保証人になることが禁止されている（箴一一15、一七18）。貨幣経済が浸透したペルシア時代になると保証人になったために困難な状況に陥った人が問題になっている（箴六1-6）。『コーヘレト書』『ベン・シラの知恵』、そして『教訓』の書かれた時代になると、貨幣経済の著しい発展によって社会の階層分化が一層進み、富と権力を手にした愚者までが出現することになり（コヘ四1以下）、社会的弱者は抑圧された（コヘ五7以下など）。同時代の作品ではあっても三者の論点がかなり異なっているのは、想定される読者層の違いによるものであろう。『ベン・シラの知恵』の読者は、一定の財産を持つ教養層（富裕層）である。『コーヘレト書』の読者層の資産状況はわかりにくいが、教養人であって、少なくとも極貧ではなさそうである。また冷徹な目で社会を観察しており、思想的には反黙示と考えてよい。これに対して『教訓』の読者は、貧困にあえぐ労働者であると考えられる。それも明日のパンにも不安をおぼえるほどの極貧である場合もある（4Q416 断片二第ii欄19-20）。彼らの生活は、否応なしに貨幣経済に巻き込まれている。ここでも隣人の保証人になることの危険が指摘されるが（4Q418 断片八八第ii欄3）、利息の高い借金の返済が話題になり（4Q416 断片二第ii欄4、4Q417 断片二第i欄21以下）、供託金に手をつけるなとの勧告がなされる（4Q416 断片二第iii欄3以下）。もはや勤勉に働いておれば、豊かになれるような社会ではないことが、そこから読みとれる。

結婚と女性

結婚を重んじ、妻を大切にして暮らすことが奨励されるが（4Q416 断片二第ii欄21、同第iii欄20以下、同第iv欄1以下）、結婚前の女性は父親の管理下にあった（4Q415 断片一一）。また妻が夫に対して従属的な立場に置かれていたことは確かである（4Q415 断片九7、4Q416 断片二第iv欄6以下）。しかしながら、勧告の聴き手の男性は、妻と一体であることが強調されている（4Q416 断片二第iii欄21、同第iv欄1、4以下）。さらに 4Q415 断片二第ii欄は、テクストが破損しているために解釈が容易ではないが、勧告が妻である女性に向けられているようである。動詞の「取り除くな」「いいかげんに扱うな」は、三人称女性形なのである。このことから類推すると妻である女性もまた、メーヴィーン「英知ある者」に属すると考えられていることになる（ゴフの見解）。

エメト

ここで「真理」あるいは「真実」と訳されているヘブライ語エメトについて、少し述べておく。新約学者R・ブルトマンはすでに一九二八年と三〇年に発表された『ヨハネ福音書』に関する論文の中で、この文書の「真理」を意味するギリシア語アレーテイアには、旧約的な「真実」「まこと」「信頼に値する」「堅固であって存続する」というエメト概念が含まれていることを指摘している（この論文の日本語訳、杉原助訳「ヨハネ福音書の考察若干」『聖書学論文集I』ブルトマン著作集七、教文館、一九八二年、二二四頁以下参照）。ギリシア語アレーテイアの元の意味は、「非秘匿性、被発見性、開示性」であるから、『ヨハネ福音書』の語るアレーテイア「真理」は、エメトの意味が基礎にあって使われていることになる。他方、死海文書の『感謝の詩篇』『共同体規則』や『教訓』に頻繁に出てくるエメトの場合について考えてみると、旧約的な語の用法からは微妙にずれていることに気づく。これらの文書におけるエメトは、神の隠された知恵である秘義の啓示や秘義の探求との関係で用いられるからである（例えば、4Q418 断片一二六第ii欄、同断片六九第ii欄）。このようなエメトには、アレーテイアが本来持っている、隠されていたものが啓示や探求によって明らかにされるという意味や、命題が真実であって誤っていないという意味が含まれている。訳文では、エメトは文脈によって「真実」あるいは「真理」と訳し分けているが、たいていはどちらの意味も含まれている。

成立年代

『教訓』の成立年代に関しては、各写本の書体からはヘロデ時代などが推定されるが、すでに述べたように内容から判断すると前二世紀（ハスモン朝以前）が想定される。問題は、この文書をクムラン教団とどのように関係づけるのかである。この文書をクムラン教団が重要視していたことは間違いないと思われるが、直接的な関係があったことを示す決定的な証拠はない。この教団の歴史の初期に位置づけるのが適当なのであろうか。それとも『共同体規則』で問題になっている集団は、この教団のエリート層であって、『教訓』はいわば平信徒層に向けられているのであろうか。この文書をどのように解釈するかによって、クムラン教団のイメージは、相当異なったものになってくるはずである。その意味でこの文書は今後もさまざまな議論を呼び起こすものと予想される。また、黙示と知恵との結合に関しては、ここでは触れなかったが、『エノク書』『トマス福音書』や新約の『ヤコブ書』、Q資料などとの関係が問題になる。

主要な参考文献

J. Strugnell, D. J. Harrington and T. Elgvin, in consultation with J. A. Fitzmyer, 4QInstruction (Musar leMevin) : 4Q415 ff. DJD XXXIV, Oxford : Clarendon (1999).

Eibert J.C. Tigchelaar, *To Increase Leaning for the Understanding Ones*. STDJ 44, Brill (2001).

Daniel. J. Harrington, *Wisdom Texts from Qumran*, London (1996), 40-59.

Catherine M. Murphy, *Wealth in the Dead Sea Scrolls and in the Qumran Community*, STDJ 40, Brill (2002).

John J. Collins, The Mystery of God. Creation and Eschatology in 4QInstruction and the Wisdom of Solomon, in : F. Garcia

Martinez (ed.), *Wisdom and Apokalyptic*, Leuven (2003), 287-306.

Mattew J. Goff, *The Worldly and Heavenly Wisdom of 4Qinstruction*, STDJ 50, Brill (2003).

Mattew J. Goff, Discerning Trajectories : 4QInstruction and the Sapiential Background of the Sayings Source Q, JBL 124/4 (2005) , 657-673.

Mattew J. Goff, A Wisdom Text with an Apocalyptic Worldview : 4QInstruction (1Q26 ; 4Q415-18, 423). In : *Discerning Wisdom, Supplements to Vetus Testamentum*, vol. 116, Brill (2007) , 9-68.

Armin Lange, Wisdom Literature and Thought in the Dead Sea Scrolls, in : *The Oxford Handbook of the Dead Sea Scrolls* (2010), 461-465.

秘義

（1Q27, 4Q299-301）

勝村弘也 訳

内容

神による世界統治の秘義という思弁的な内容を語る黙示的傾向を持つ知恵文学である。同様の主題は、旧約の『ヨブ記』二八章や『箴言』八章にも見られるものであるが、この文書ではこのような神の知恵が人知のおよばないところにあるとするだけではなくて、神に選ばれた特定の個人には知られうると考えているところが特徴的である。特別な知恵を授けられた者には、幻視によって神の「秘義」（ラズ）が啓示される。この秘義の内容は、ラズ・ニフヤ（ないしラズ・ニフイェ）という独特の用語で表現される（詳細は解説を参照）。

１Ｑ秘義（1Q27）

断片一第ｉ欄＋４Ｑ秘義 4Q300 断片三

翻訳箇所について

4Q秘義4Q300断片三は、1Q秘義1Q27断片一第i欄の2行目から6行目と重複すると考えられるので、両者を合成して本文とする。シフマン（DJD XX）も*DSSSE*も、4Q秘義4Q299断片一を1Q27と重複していると考えているが、若干の不一致が存在するのでここでは採用しなかった。4Q299断片一はおそらく同一テクストの異読なので、訳文は別に示す。

[1][……]すべての[…………]。[2][……]彼らが善と[悪と（の区別）]を知るため、[また虚偽と真]実①の（区別を
知るため）。[……]背反《はいはん》の秘義②[を彼らが認識するため]。[3]（また）彼らのすべての知恵を。しかし、彼らは起こる
べきことの秘義を知らなかったし、往時のことどもについても悟らなかった。③また、彼らは彼らの上に到来するで
あろうことを④知らなかった。[4]そして、彼らの命《いのち》を起こるべきことの秘義から逃れさせることができなかった。⑤ [5]
これこそが、あなたがたにとっての⸢まことに、起こるであろう⸣⑥徴《しるし》である。⑦不義の子孫⑧の隔離されるとき、また
義の前から邪悪が失せ去る（ときに）、闇が[6]光の[5]前から失せ去るように、[6]煙が消滅して、それらがもはやなく
なるように、まさにそのように邪悪はとこしえに消滅する。⑨また義が太陽のように現れるであろう。⑩[7]世界は[6]し
っかりと立つ。⑪[7]ベリアルの秘義⑫に固執する者たち⑬は皆、もはやいなくなる。（真の）知識が世界に満ちるであろ
う、⑭そしてそこには愚かさはとこしえになくなる。⑮[8]このことは必ず実現する。託宣は真実である。⑯このことによ
って、後に戻ることはないことが、あなたがたに知られる。すべての[9]民⑰が不義を憎ま[8]ないだろうか。[9]だがどの
民の中でもそれは進行する。あらゆる民族の口から真実の告知が（出）ないであろうか。[10]（だが）それに堅く留
まる唇や舌があるだろうか。どの国民が自分よりも強い（国民）によって抑圧されることを欲するだろうか。誰が、
[11]自分の財産が邪悪な者によって奪い取られることを欲するだろうか。⑱（だが）どの国民が隣国を抑圧しなかった

だろうか。12［他人の］財産を奪い取ら11なかった民がどこにいるか。12［……］そして帰結[19]［……］

（1）「真実」原語エメトと読めた場合の推読。別訳「真理」。以下、「真実」と訳した語は、しばしば「真理」の意味にもなる。

（2）感謝詩 1QH XIII 38 参照。IIテサ二7「不義の秘義」をも参照。

（3）「起こるべきことの秘義」（ラズ・ニフヤ）については、解説を参照。ここで注目されるのは、ラズ・ニフヤが「往時のことども」（カドモニヨート）と並行して語られていることである。カドモニヨートは、このような意味では、聖書でイザ四三18でしか用いられていない特殊な表現である。このことからここをイザ四三18の新しい解釈、つまり過去の出来事を思い起こして、そのことについて考えないならば、新しく起こることについて悟ることはできないのだと解釈することもできる。

（4）別訳「彼らの上に来ようとしていることが何であるのかを」。

（5）「秘義」が単なる認識の対象ではなくて、すでに決定された「運命」のような意味になっている。

（6）4行目と5行目の間に書き込まれている。

（7）サム上二34、一四10、王下一九29、二〇9等参照。

（8）別訳「不義の誕生」。感謝詩 1QH XI 11 参照。「誕生」（モーラド）は、占星術用語である可能性が高い。

（9）詩一〇四35参照。レビ遺一八9とも比較せよ。以下の「知識が世界に満ちるであろう」までの表現は、『正義の時』4Q215a 断片一第ii欄4行目以下と著しく類似する。

（10）マラ三20、レビ遺一八3-4「太陽が昼を照らすように、知識の光を照らし、この世界で偉大な者になる。彼は地の上にある太陽のごとく輝く」と比較せよ。

（11）「しっかりと立つ」を名詞「基準」と解釈することもできる。別訳「また義が、世界の基準として太陽のように現れる」。

（12）DJD I は、「驚くべき秘義」と読むが、この箇所の文字の判読は困難である。ここでは DJD XX の提案に従う。「背反の秘義」との推読も可能。

（13）直訳「摑む者たち」。箴三18、四4参照。

（14）イザ一一9、ハバ二14参照。

（15）『正義の時』4Q215a 断片一第ii欄6-7参照。

（16）用語法が申一三15、一七4と類似。

（17）「民」の原語はアムミーム。以下「民族」はレウミーム、「国民」はゴーイ。

（18）4Q299 断片一には、「どの国民が財産を奪い取らなかっただろうか」とある。同じ箇所の異読と判断した。

（19）教訓三 4Q417 断片一第i欄13および二九頁の注（8）を参照。

断片一第ii欄＋4Q秘義 4Q299 断片二

[1]〔…………〕[2]〔……〕彼に、計算が合う。〔…………〕[3]〔……〕〔……〕には、何の利得①があるのか。〔……〕[4]善をなす者も悪をなす者も除いて、もしも〔……〕[5]彼は何事にも成功しないであろう。まさに、すべての善きもの、彼の富、②〔……〕[6]財産なしに③[5]彼は連れ去られる。[6]そして代価なしに彼は売られる。まことに、〔……〕彼女と〔比べ〕られる。[7]何、〔……〕すべての〔……〕なしに〔……〕[8]等しい。あらゆる代価も〔……〕とは比べられない。[9]（余白）[10]あらゆる民族にとって〔……〕[11]神はすべての〔……〕を知っている。〔……〕[12]〔…………〕

保存状態

秘義 1Q27 断片一第i欄の左側の余白（幅約一・六センチメートル）の左側に12行からなる第ii欄の右側が残っている。但し1行目には読める文字はなく、12行目では一字しか判読できない。9行目全体が余白となっており、段落の切れ目を示している。5行目が最も長く約五・七センチある。秘義 4Q299 断片二は、わずか六―八語程度しか含まない小さな断片であるが 1Q27 断片一第ii欄5‐7行目に相当すると推定され、後者を補う。

断片二

[1]〔……〕神が〔……の〕心に開示した〔……〕[2]〔……〕すべての〔……の〕時に〔……〕[3]〔…………〕

断片三

[1]〔…………〕彼らすべてよりも悪い④〔…………〕[2]〔…………〕彼に。祭司たちに⑤〔…………〕[3]〔…………〕すべての〔……〕の〔……〕[4]〔…………〕

断片六

1［…………］2［……］彼らの［……］［彼は］過失(6)を覆《おお》う(7)［であろう］［……］3［……］永遠に。彼の前で［……］
を覆うために［……］4［…………］日々［…………］5［…………］

断片九—一〇

1今日［…………］2［……］を除いて［……］とは何か［……］3聴け、［諸］国民の王たちよ、彼らは彼と争った(8)。
そして彼のように(9)［……］4あらゆる［……の］裁きと共に［……］彼と［……］5-6［…………］

保存状態

6行からなるが、5-6行目に意味の取れる語はない。

（1）コヘ六8、11、七11参照。
（2）原語マモーン。マタ六24参照。
（3）イザ五五1、エレ一五13参照。
（4）判読は困難。
（5）「秘義」と祭司との関連を暗示する。1Q秘儀 1Q27 断片六を参照。
（6）原語シェガガーは、レビ四2、22、27、五18、民一五24以下などで、意図的に犯したのではない罪に対して用いられている術語。
（7）「覆う」の原語はキッペル（√*kpr*）。通常「贖う」と訳される動詞の一つ。4Q秘義 4Q299 断片五五5参照。
（8）訴訟において「争う」の意味。
（9）別訳「彼女のように」。

断片一三

1［……………］2［……］死者たち［に］もたらすこと、そして［……………］3［……］深淵の秘義と［……］の探求［……］4［……………］夜［……………］

4Q秘義（4Q299）

断片一

1［……］［すべての民］が不義を憎ま［ないだろうか］。2［……］真実の［告知が……］［……］唇や舌があるだろうか。3［……］どの国民が［……の富を］奪い取らなかっただろうか。4［……］誕生の家、①治められる②5［……］すべてのことに（悪しき）はかりごと（をなす）人々。6［……］それは試験されている。言葉7［……］彼らの帰結③8［……………］そしてす［べて］に。9［……………］

保存状態

断片の左端は縦五・三センチメートルあって9行が残るが、右側は2行しか残っていない。但し9行目には判読できる文字はない。1-6行目は二—五語が残る。1-3行目は、1Q秘義 1Q27 断片一第i欄9行目以下とほとんど一致しているが、合成テクストとせず別に訳した。

断片二

先の1Q27断片一第ii欄＋4Q299断片二を見よ

内容

内容的に興味深いのは、後半部の、神によって隠された秘義の開示ないし啓示について語っている部分であって、それが占星術と関係しているようにも見える点である。

断片三ａ ii-ｂ＋４Ｑ秘義4Q300断片五

01英知の計画［……………］02財産のゆえの裁き1［……………］貧者。2われわれは［……］を何と呼ぼうか。［……］彼の［……］と［彼の］業《わざ》［……］3そして義人のあらゆる業も不浄とされる。［……］の人をわれわれは［何と］呼ぼうか。(4)［……］4賢者と義人。まことに、［……］の人には、［……］ない。また、［……］ない。隠された知恵。まことに、5悪しきたくらみの(5)知恵と［ベリアルの計］画［なく］しては、［……］。6再び行われるべきではない業、［……］なくしては、［……］7彼の造り主の言葉。そして、［ますら］男のなすべきこととは、何なのか。［……］8彼の造り主の言葉に反抗する者、彼の名は、［……］のすべての口から消し去られるであろう。［……］9［……］［……を］

（1）４Ｑ秘義4Q299断片三ａ ii-ｂ13および一二九頁の注（5）を参照。

（2）判読は困難。動詞√*str* のニファル形か。聖書では、分詞形ショーテール（役人）としてしか用例がない語（出五6、10、申一六18、ヨシ三2、八33など）。

（3）１Ｑ秘義1Q27断片一 i 12、教訓三4Q417断片一第 i 欄13および一二九頁の注（8）を参照。

（4）以下に知恵文学的な修辞的疑問文が連続する。１Ｑ秘義1Q27断片一 i 欄8以下参照。

（5）出二一14参照。

摑む者たちよ、(1)聴きなさい。[……] 10永遠。すべての被造物の思慮と計画[……] 11すべての秘義、すべての計画を確定される方。すべての[……を](2)行われる方。[……] 12彼(3)は、永遠の昔[より](います)。彼の名は、主《しゅ》(4)、そして永[遠に][……] 13[……](ことの)誕生の家(5)に関する計画を[……]の前で、彼は開示する。[……] 14[……]まことに、われわれの心を彼は試み、われわれに[……]を受け継がせた。[……] 15[……]あらゆる秘義とすべての被造物の産みの苦しみ(6)。そして、何[……] 16[……]。彼が彼らを創造されたとは、諸国民は、[何者なのか]。そして、[彼らの]業[……]

保存状態

断片三aは、15行を含むかなり大きな断片で、幅は最大七・五センチメートルある(第ii欄8行目)。右上に第i欄がわずかに残っているが、大部分は第ii欄である。断片三bは、幅が最大1・六センチで4行しか含まない小断片であるが、断片三aの左上に位置すると推定され、第ii欄のほぼ中央部に相当する。4Q300 断片五は、5行を含む小断片であるが、第ii欄2-3行目との重複部を含むことから第ii欄の1行目よりも上の部分を保存していることが判明した。ここは01-02行として表記する。

断片三c

4Q秘義 4Q300 断片一a第ii欄―断片一bを見よ。

断片五

内容

天体の運行や季節の交替の秘密は、人間の知恵を超えたものであり、神の隠れた知恵を証するものであることを述べているのであろう。

1［……］［彼の］名を記［念する］ための(7)星々の［光］［……］2［……］光の秘義の［偉］大さと闇の道(8)［……］3［……］炎熱の時節、［……の］時と共に［……］4［……］(9)と夜を出ること(10)［………………］そして、誕生の家(11)［…………］

保存状態

どの行も2-4センチ程度しか残っていない小さな断片である。下方の余白が欄の下端であることを示している。

（1）摑む対象はおそらく「驚くべき秘義」であろう。
（2）「起こるべきこと」のような語が推定される。
（3）以下の「彼」は「神」を意味する。
（4）原文は逐語的には、「彼の名は、彼」となっている。文脈から判断して、出一五3の「彼の名はＹＨＷＨ」の言い換えであると思われる。
（5）「誕生の家」は、占星術用語。おそらく人が誕生したときの獣帯の位置が問題である。「誕生」（*mwld*）については、ホロ 4Q186 断片一ii「彼の空間は六つの光の家と三つの闇の家の状態にある。そしてこれが、牡牛の脚の位置にあるという、彼が生まれたときの誕生（の徴）である」を参照。さらに教訓三4Q 417 断片二i 11「救いの誕生」を参照。
（6）ロマ八22参照。
（7）マラ三16参照。
（8）箴二13、共規 1QS III 21 参照。
（9）「昼に入ること」が推定される。
（10）「出ること」の原語モーツェーは、詩一九7では、天の果てにある太陽の「出口」を意味している。ここでは「夜が過ぎて朝となる」の意味で用いられているのであろう。
（11）4Q秘義 4Q299 断片三a ii-b 13と上段注（4）を参照。

断片六第i欄

内容

神の世界創造、世界統治の不思議について論じている。

[1]［…………］水①[2]［…………］彼らの［……］[3]［…………］彼らの仕事、彼らは強めるだろう[4]［…………］彼は［稲］妻を絶えざる雨のために造った②[5]［…………］水、彼らは升で（量って）飲むであろう。③[6]［…………］彼④は彼らに言う、すると彼らは与えるであろう[7]［…………］彼の大能《たいのう》をもって、彼は創造した。⑤[8]［…………］その山々⑥、すべての[9]［…………］そのすべての子孫[10]［…………］その中心⑦からそれは広がった[11]［…………］その時々に⑧[12]［…………］すべてのものを孕ませるため[13]［…………］まことに彼らの建物⑨は塵《ちり》から（造られた）[14]［…………］すべての彼らの集積⑩、そして部屋[15]［…………］彼は強い者に権力を与えた[16]［…………］あらゆる大能[17]［…………］すべてを強固にする[18]［…………］ますら男の働き[19]［…………］彼⑪の働き

保存状態

断片六は、縦最大一四・七センチメートル、幅七・五センチのかなり大きな断片であるが、中央に幅〇・七—一センチの余白があって左右の欄に分かれる。右側の第i欄は、欄の左端19行を保存するが、各行には欄の右端の一—三語程度しか残っていない。

断片六第ii欄

内容

前半は神の世界創造について、修辞的疑問文を用いて論じている。後半では農業について語っているようだが、その内容はよくわからない。

[1]ない［…………］[2]そしてあなたがたの上、命《いのち》［…………］[3]［……］の愚か者たち(12)［…………］[4]［……を］摑むすべての者から隠されている［……］[5]どこが、父が息子たちには(13)（他の）人よりも（よい）のか。［…………］[6]そうではなくて、地は［……の］栄誉に［……］[7]それから。そうではなくて［……の］霊［……］[8]民。［……］とは何か［…………］[9]［……］がない［…………］[10]闇と光(14)［…………］[11]まさに［……］のようになるだろう［……］[12]彼の隣人の心、そして彼は待ち伏せする(15)［…………］[13]愚かな(16)男から富、［……の］富［……］[14]収穫に応

(1) 確かな読み方ではない。
(2)「彼」は、神を指す。エレ一〇13、詩一三五7参照。
(3) 窮乏生活を意味する。エゼ四11、16参照。
(4)「彼」が神を指すのかどうかは判断できない。
(5) 以下は、神による世界の創造と統治について語っているようである。
(6)「その」は女性名詞を受ける。「地」（エレツ）を受けるのか。
(7)「中心」と訳した語は、「大地の臍」を指す語。
(8) ダマ CD XII 21, 共規 1QS IX 13-14 に類似表現がある。
(9)「建物」は、感謝詩 1QH XV 7, 12 では、人間の身体を意味する。ここも同様と思われる。
(10) 何かが集められる場所を意味する。別の読み方として「希望」。
(11)「彼」が神かどうかは判断できない。
(12)「愚か者たち」の後ろに「覆い隠す」を意味する語が見えるが、両者の関係がわからない。箴一二16と関連するか。
(13) イザ三八19参照。
(14)「光」は判読が困難。
(15) 教訓四 4Q418 断片一五八2参照。
(16) 動詞 *yʿl* のニファル形が用いられている。民一二11、イザ一九13、エレ五4、五〇36参照。

じて。[1] そして何［…………］15過剰、あるいは［……の］果て［……］16一つの規格、[2] そしてそれは満足しないであろう［…………］17裁き、そのように［……が］下る［……］18そしてもしも彼が打穀《だこく》したら、彼は［……に］加えるであろう[3]［……］19彼が［…………］20［…………］

保存状態

断片六の左側の第ii欄には20行が残る。但し20行目は一字しか読めない。1–19行目までは、各行一―四語が残る。

断片七

内容

4Q秘義 4Q300 断片六と内容的に重複しているが、相互の関係はよくわからない。

1［……］彼は［…………］2［……］近い［…………］3［何と］人には［遠］いことか、［……の］業《わざ》からは［……］4人の面前に。そして彼は［……］から遠い。[4]［そして］5彼の前では、正当性なしに復讐[5]するために怨恨《えんこん》を抱くより[6]も4［苦《にが》いものはない］[7] 5［……］6不実な者。そして彼はおこなった［……］

保存状態

6行が残る小断片である。4–6行目の右端に余白があるので、欄の右端であったことがわかる。

断片八

内容

人の洞察力（セケル）、英知の源が神にあること、またそれが永遠不変であることを語る。

1［……］彼[8]は用意した［…………］2［……］彼らの洞察力の分枝《ぶんし》[9]［…………］3［……］彼［…………］4［……
……］5［……］そしてますら［男］が、知ることも聴くこともなくして、何を悟れようか［……］6［……］英知、
［われわれの］心の性向[10]。多くの賢明さ[11]によって、彼はわれわれの耳を開いたので[12]、われわれは［聴く……］7［…
…］彼は英知を形造った、知識を追い求めるすべての者に[13]、そして［……］8［……］すべての洞察は永遠から[14]（あ
る）。彼はそれを変えない［……］9［……］彼は［……］しないように、水の側から隔離した［……］10［……］天［か

（1）レビ二五15参照。
（2）神が定めた規格の意味であろう。
（3）農夫が穀物を収穫するときの作業に言及している。
（4）4Q秘義4Q300断片六4と重複。
（5）エレ二三13、エゼ二三29参照。
（6）レビ一九18、ナホ一2参照。4Q秘義4Q300断片二3をも参照。
（7）4Q秘義4Q300断片六5、断片七2からの推読。
（8）この断片の「彼」はおそらく神を意味する。
（9）「洞察力」（別訳「賢明さ」）の原語セケルは、この断片で三回出る。おそらく秘義を認識する能力を意味するのであろう。この語は、感謝詩1QHでも十六回用いられている。名詞の「分枝」と訳した語は、動詞かもしれない。この場合の意味は、「彼らの洞察力を、彼は分割した」。
（10）創六5、八21参照。
（11）教訓四4Q418断片一五八6、教訓4Q423断片五8参照。
（12）別訳「彼はわれわれの耳の覆いを取り除いた」。「彼」は、「神」のこと。啓示に対する術語的表現として、『感謝の詩篇』で多用されている（1QH IX 23, XIV 7など）。
（13）教訓四4Q418断片六九ii11参照。
（14）バル4Q436断片一i4「永遠の洞察」を参照。共規1QS II 3をも参照。

ら］天の上まで［……］11［…………］

保存状態

1-4行目は判読可能な語がわずかであるが、5-10行目には三—七語が保存されている。5行目の幅が最長で七センチメートルある。

断片九

1［…………］2［……］私にとっての君主たち、(1)地を照らす(2)［……］3［……］栄光を現す王、(3)その王権の栄誉は(4)満ちる［……］4［…………］全軍勢と共に［…………］5［…………］怒るに遅い(5)［…………］

断片一〇

1［……］王(6)［…………］2［……］そして勇士たちは、(7)しっかりと立ち続けるであろう(8)［……］3［……］すべての国民(9)の上に聳える。イスラエ［ル］［……］4［……］また形造るため、［……を］はかるために(10)［……］5［……］そしてすべての民を裁く者たち［……］6［……］彼らのすべての数に従って［……］7［……］貧しい者と［……との］間を裁く者たち［……］8［……］すべての［……の］労働の分担量(11)に［……］9［……］それらすべての支配領域(12)［……

……］10［……］昼に［…………］11［……］そして［彼らの］おもいはかり［…………］

保存状態

縦最大七・四センチメートル、幅四センチで、11行を含む、欄の中央の断片。2-9行目は二—四語が判読できる。

断片一三a-b

1 [……] 間 [……] 2 [……] あなたがた、[イ]スラエルを彼は治めた。[13] そしてあなたがたを [……]
3 [……] 彼らは、その中を歩んだ [……]

断片一八

1 [……] 彼は背信に報いるであろう[14] [……] 2 [……] その中で。そして [……の] 日に [……]
3 [……] 罪から [……]

---

(1) 原語はサルの複数形。別訳「司令官たち」「隊長たち」。ダマ CD V 38, VI 3, 6, 戦い 1QM IV 1, 2, 3 等を参照。おそらく天使を指す。
(2) 太陽が「輝きのぼる」ことを意味する動詞。この語を名詞にとると「地の輝き」。
(3) 神のこと。
(4) 詩一四五12参照。
(5) 神が忍耐強いことを表現する。出三四6、ヨナ四2、詩一四五8など参照。
(6) おそらくここでは神を意味する。
(7) 原語はギッボレー・ハイル。ハイルは資力、資産、ギッボール（単数）は、戦士を意味する語。ここでは字義通り、イスラエルの「勇士たち」を意味するのか、「天使たち」を意味するのかは不明。
(8) 感謝詩 1QH XII 37, XIII 31, 戦い 1QM XIV 6 参照。
(9) 原語ゴイーム。別訳「異邦人たち」。
(10) 「形造る」（＝「企てる」）「はかる」の組み合わせは、エレ一八11参照。
(11) 別訳「割り当て量」。出五18参照。
(12) 別訳「支配」。
(13) 別訳「彼は比較した」。
(14) 別訳「完成する」。

断片二〇

[1]［……］それらの規格の掟①、［……］を除いて［……］[2]［……］［……の］規格による重量［……］[3]［……］彼らの多数②の一致③、もしも［……］

断片二一

[1]［……］[2]［……］それらの波④、［……の］手によって［……］[3]［……］すべての力ではない、そして［……］[4]［……］、そしてすべての宝庫⑤［……］

断片三〇

[1]［……］[2]［……］彼が完成する時⑥に［……］[3]［……］暗闇、暗闇⑦の中［……］[4]［……］教訓［……］ない⑧［……］[5]［……］彼は加えた［……］

断片三二

[1]［……］[2]［……］戒めとは何なのか。［……］[3]［……］彼は摑む。そして［……の］諸世代⑨［……］[4]［……］重量⑩［……］

断片三五

[1]［……］知識の神⑪［……］[2]［……］使者［たち］⑫の手によって［……］

保存状態

欄の中央の2行を含む小断片。

断片五三

1［……………］嫌悪すべきもの(13)［……………］2［……………］彼(14)の聖（性）において［……………］3［……………］あなたがたのうちで［……………］4［……………］そして［……の］時節(15)に名がない。［……］5［……………］裁き。まことに、義人(16)［……………］6［……………］彼の力と強さ［……………］7［……………］神に、厳しく復讐

---

(1) 原語ティックーン。感謝詩 1QH XX 8 以下、教訓一 4Q415 断片九6、教訓四 4Q418 断片一二七6参照。
(2) 別の読み方「彼らの係争」。
(3) 原語ヤハド。
(4) 別訳「石塚」。
(5) 別訳「すべての［……を］蓄える者」。ホセ一三15参照。
(6) 別訳「報いる」。
(7) コヘ六4参照。
(8)「教訓」の原語ムーサルは知恵的用語。別訳「訓練」「規律」。「彼らは教訓を受け入れなかった」が推定される（エレ二30参照）。
(9) 別訳「系図」。
(10) 4Q秘儀 4Q299 断片二〇2参照。
(11) サム上二3、共規 1QS III 15, 感謝詩 1QH IX 28.
(12)「預言者たち」の意味か（代下三六15参照）。
(13) 原語トーエバーの複数形が用いられている。この語は元来、祭儀用語であって、偶像礼拝や性的タブーを犯すことなどを指す。ここでは神に受け入れられないこと一般を意味しているのであろう。
(14) 以下の「彼」はおそらく神を指す。
(15) 原語モーエード。祭日などの一定の期間を意味する。
(16) 原語はツァディーク。「彼（＝神）は、義しい」とも解釈できる。

するため①[…………]⁸[…………]そして、[……の]強い（者）に対する告発②[……]⁹[…………]神、そして天に[…………]¹⁰[…………]（余白）[…………]¹¹[…………]あなたがたの[……]私は告げよう[……]¹²[…………]王と共に[…………]

保存状態

縦が九・五センチメートルほどある細長い断片。各行には一―三語が残っている。下縁が残る。

断片五四

[1][…………]
[2][…………]抑圧者と[……に]搾取されている者③[……]
[3][…………]まことに慈しむ愛④[……
……]
[4][…………]すべてにおいて[…………]
[5][…………]

断片五五

[1][…………]聖[…………]
[2][…………]義なる裁き⑤[…………]
[3][…………]まことに[…………]
[4][…………]彼らが選んだところの[…………]
[5][…………]彼の聖なる奉[仕]、そして[……の]上を覆う⑥ために[……]
[6][……
……]彼らの上[……]

保存状態

縦最大五・九センチメートル、幅三・八センチ（4行目）の小断片。下縁が残る。

断片五九

[1]彼は聖とする(7)［…………］[2]正義をもって、彼は［……］を告発する(8)［……］[3]［彼］のことば(9)を犯すすべての者たちに［…………］[4]邪悪（な業《わざ》から）救う者たち［…………］[5]［……］［……を］なす者たち［……］[6]（余白）[7]［……］
さあ、われわれは告発しよう(10)［…………］

保存状態

縦最大六・六センチメートル、幅二・六センチ（4行目）の小断片。6行目は余白だけであり、下縁が残る。1–2行目の右側に余白が認められるので、欄の右端であったと推定される。

（1）逐語的には「復讐を復讐するため」。
（2）「告発」の原語はリーブ。別訳「係争」「訴訟を起こすこと」。4Q秘儀 4Q299 断片五九2–3、断片六二2、4Q秘義 4Q300 断片九2を参照。ミカ六1以下をも参照。
（3）エレ二二3、申二八29参照。
（4）「慈愛の愛」（アハバト・ヘセド）のように重畳表現になっている。ミカ六8参照。同じ表現が、クムラン文書で頻繁に用いられている。共規 1QS II 24, V 4, 25, VIII 2, X 26, ダマ CD XIII 18, 教訓四 4Q418 断片一六九＋一七〇3参照。
（5）申四8、教訓四 4Q418 断片一二一1参照。
（6）「覆う」の原語は、キッペル（√*kpr*）。「贖罪の日」（ヨーム・キップール）と関係するのか。本文書断片六九、1Q秘義 1Q27 断片六2を参照。
（7）別訳「聖別する」。以下の「彼」は、神を指すのであろう。
（8）本文書断片五三8および上段の注（2）参照。
（9）逐語的には「口」。別訳「命令」。
（10）別訳「われわれは訴訟を遂行しよう」。

断片六〇

[1]［…………］[2]［…………］彼は気に入った、①そして顧みること［…………］[3]［…………］すべての［国民］からの財宝②［…………］[4]［…………］そして諸国民のすべての王たち［…………］[5]［…………］

断片六二

[1]［…………］[2]［…………］そして彼は告発した③［…………］[3]［…………］（余白）そこで今［…………］[4]［…………］あなたの敵たちは［…………］することができないであろう［…………］[5]［…………］彼らの前庭に［…………］

断片六五

[1]［…………］[2]［…………］歌。彼［…………］[3]［…………］欠乏、そして［……の］代価④に［……］[4]［…………］目を覆う者たち⑤［…………］[5]［…………］彼の身体に、⑥そして［…………］[6]［…………］

断片六六

[1]［…………］そして諸言語⑦［…………］[2]［…………の］諸氏族［…………］[3]［…………］イスラエル［…………］[4]［…………］彼らは与えるであろう［…………］

断片六九

内容——

誤って4Q秘義 4Q299 に分類されたとする意見があるが、「祭司」に言及する1Q秘義 1Q27 断片三2、断片六3などとの比較から 4Q299 に属すると判断して問題はない。

[1]［…………］年に一度⑧［…………］[2]［…………］［ウリ］ムとトンミム⑨［…………］[3]［…………］すべての人⑩

断片七〇

[1]［…………］掟［…………］[2]［…………］あなたがたは知らなかった⑪［…………］[3]［…………］俗なるものに、⑫しかしあなたがたは［…………］[4]［…………］罪責と共に［…………］

（1）確かな読みではない。
（2）出一九5、一四2、詩一三五4など参照。
（3）本文書断片五三8および一三九頁の注（2）参照。
（4）別訳「報酬」「稼ぎ」。
（5）「無視する」の意味。レビ二〇4、エゼ二二26、箴二八27参照。
（6）別訳「彼自身に」。
（7）逐語的には「舌」の複数形。
（8）「贖罪の日」（ヨーム・キップール）に言及していると推定される。レビ一六34参照。
（9）祭司が用いた占いの道具。
（10）「人類」の意味。
（11）申一一28、一三3、14、エレ三三3、エゼ三二9参照。
（12）原語はホール。レビ一〇10、エゼ二二26、サム上二一5など参照。別訳「砂に」。

断片七一

1 背信から立ち帰る者たち[1]［…………］2 それはあなたがたを焦がす[2]［…………］3 あなたは侮《あなど》った［…………］4 彼は気に入った［…………］

断片七二

1［……彼こそは］聖《せい》である。[3] 彼［…………］2［…………］義なるますら男たち［…………］3［…………］彼らは知っている、まことに［……］4［…………］の上［…………］

断片七四

内容

誤って4Q秘義 4Q299 に分類されたとする意見があるが、断片六九と同様 4Q299 に属すると判断して問題はない。

1［…………］2［…………］モーセ、顔、［……の］石［……］3［…………］聖なる者たちの記念に[4][5]［……］の上［……］4-5［……］

断片七六

1［…………］2［……］彼の口から、開くために[6]［…………］3 すべての会衆の父たち[7]［…………］4 そして［……］ある人との間［…………］[8] 5［…………］

断片七九

[1]［…………］[2]［…………］実直な者たち［…………］[3]［…………］命の道(9)［…………］[4]［…………］
彼の意思［…………］[5]［…………］彼の麗しい地(10)［…………］[6]［…………］彼らの天幕のうちで、そしてア
ロン(11)［…………］[7]［…………］［……の］記念のための宥《なだ》［めの香り］［……］[8]［…………］すべての民［……
……］[9]［…………］［……］になるために［……］

保存状態

縦最大七・三センチメートル、幅三・五センチ（6行目）の細長い断片。9行目の下に下縁が残る。

（1）イザ五九20、感謝詩1QH X 11, ダマCD II 5参照。
（2）動詞 *srb* の用例は聖書ではエゼ二一3のみ。
（3）人か（王下四9参照）、神か（詩九九3など参照）は不明。
（4）天使たちのことであろう。
（5）詩三〇5、九七12からとられた表現。記念、記憶すべき「名」の意味。
（6）箴二四7参照。
（7）民三一26、戦い1QMIII,7を参照すると「会衆の家長たち」の意味であると思われる。
（8）推読の可能性としては「ある人と隣人との間の係争」が考えられる。
（9）箴六23、エレ二一8参照。
（10）パレスティナのこと。ダニ一一16、41、エレ三19参照。
（11）１Ｑ秘義1Q27断片三2「祭司たち」を参照。

断片八〇

[1]［…………］彼は呼んだ［…………］[2]［…………］そこで今［…………］[3]［…………］義《ただ》しい法(1)［……
……］[4]［…………］

4Q秘義（4Q300）

断片一a第ii欄—断片一b＋4Q299断片三c

内容

この断片は、『ダニエル書』二章との興味深い一致によって注目されてきた。ここには明らかに、知恵と知恵の対立ないし知恵比べのテーマが見られる。

[01]［……］背信を教える［魔］術師たちよ(2)、われわれが語るよりも前に、比喩(3)を言ってみよ、そして謎を告げてみよ(4)。お前たちが［……を］注視するならば、その時、お前たちは知るであろう。[02]［……］と天の証《あかし》を。［……］お前たちの愚かさ。まことに、幻視の印章がお前たちには封印されている(5)。そしてとこしえの秘義をお前たちは注視しなかったし、英知を洞察することもなかった(6)。[03]その［時］、お前たちは言うであろう［……］。まことに、お前たちは知恵の根源(7)を注視しなかった。そして、もしもお前たちが幻視を開示するならば、［……］。[1]［…………］[2]［……
……］お前たちからは閉ざされる。[3]［……］お前たちのあらゆる知恵。まことに、お前たちには比［喩……］。聴け、[4]隠された知恵とは[3]何であるかを。[4]［…………］そこに[5]［……］まだお前はならない。［…………］とこ

しえの秘義[6]［……］幻視［……］彼の行い［……］

保存状態

４Ｑ秘義 4Q300 断片一ｂは、横に細長い断片（最大幅約八・五センチメートル）であって、欄の上の5行目までを含んでいる。１行目は十三語が判読可能であって保存状態がよいが、5行目になるとかろうじて三語が読めるだけである。この断片の右側に当たるのが 4Q300 断片一ａであって、その第ii欄が断片一ｂを補う。６行残ってはいるが、もっとも多く文字が残っている2行目でも十文字しか読めない。４Ｑ秘義 4Q299 断片三ｃは各行三―八文字程度を含む6行からなる小さな断片であって、4Q300 断片一を補う。4Q299 断片三cは、4Q299断片三ａとｂよりも前にあったと推定されている。なお、4Q300 にのみ保存されている部分を01-03行として示した。

（1）「法」の原語はミシュパートの複数形。詩一一九7、106、164、共規 1QS III 1, IV 4 参照。

（2）エジプトやバビロンの賢者を意味するハルトゥミーム（*hrtmym*, 魔術師たち）を推定する（出七22、八3、14以下、ダニ一20、二2などを参照）。テキストにはテットの文字以下しか保存されていない。この魔術師たちは、正しい知恵をもっておらず「背反」を教えるのだと言う。１Ｑ秘義 1Q27 断片一第i欄2行目の「背反の秘義」をも参照。

（3）「比喩」の原語はマーシャール。「比喩」「譬え話」「教訓詩」「格言」「嘲りの歌」など多くの文学類型を指すことができる。

（4）「謎」の原語はヒダー（士一四12以下、詩七八2、箴一6など）。謎や比喩の内容が告げられる前に、その解釈を示せとの要求は、まったく無理な要求であるが、『ダニエル書』二章にはこのような話が出てくる。

（5）「幻視は印章を捺されて、封印されており、お前たちには閉ざされている」の意。

（6）ダニ九22「お前に英知を洞察させるために」参照。

（7）４Ｑ秘義 4Q301 断片一２「英知の根源」を参照。

断片二第ii欄

[1]［……］日々［…………］[2]偽り。何と［人には］恐ろしいか［…………］[3]彼はいさかいの妬みを棄てるべきである［…………］[4]彼が不実を働いた自らの不実(1)［…………］[5]邪悪、彼以外に、［……に］愛された者［……］

保存状態

断片二は縦最大二・一センチメートル、幅最大三・二センチの小断片。中央右寄りに第i欄と第ii欄を分ける幅約一・一センチの余白がある。第i欄には二語しか判断可能な語が残らない。5行からなる第ii欄には右端の各行に一—三語が残っている。

断片六

[1]［…………］彼らは違いを知っている［…………］[2]［……］ますら男の［……］、そして［……の］業《わざ》とは何か(2)。［……］[3]［…………］［……を］知っている者たちと共に(3)［……］［……］[4]［…………］彼は［……から］遠い［……］[5]［…………］彼の前では［……よりも］苦《にが》いものは［な］い(4)［……］[6]［…………］［人］には何と深いことか(5)［…………］[7]［…………］

保存状態

縦最大二・七センチメートルの細長い小断片。4Q秘義 4Q299 断片七との重複箇所があるが、相互の関係はわからない。

断片七

1［……人にとって］邪悪さ［よりも悪いものは何か］。ますら男にとって義よりも高く上がるものは何か[6]。［……］
2［……］そして彼の前では、［正当性］なしに、怒りに燃える復讐者よりも苦いものはない[7]［……］3［……］彼の魂の裁き手[8]、まことに、彼は［彼の道の］すべてにおいて義《ただ》しい[9]［……］4［……］憎まれるよりも悪いことは［何か。］
［……］

断片八

1［…………］われわれの時代の幻［…………］2［…………］何が前に[10]（あり）、何が後ろに[11]（ある）か。［…………］3［…………］開かれた［…………］4a［……］｛そしてわれわれは知らせよう｝[12]［……］4［…………］すべての［……］において未熟な歩みをする者たちに［……］5［…………］秘義を摑む者たち[13]（である）あなたがたを［…………］6［……］あなたがたは知るだろう、あなたがたに英知があるかどうかを。そしてもしも［……］

（1）エゼ一八24、代上一〇13参照。
（2）同様の修辞的疑問文については、本文書断片七1を参照。
（3）別訳「……を知っている民」（詩八九16参照）。
（4）本文書断片七2参照。
（5）人間の知恵の浅薄さについて語っているのであろう。
（6）詩八九17参照。
（7）４Q秘義 4Q299 断片七5参照。
（8）詩一〇九31参照。
（9）詩一四五17参照。
（10）「前に」は、ここでは「昔に」の意味であろう。
（11）このような「前」「後ろ」の組み合わせは、イザ九11、詩一三九5、ヨブ二三8にもあるが、いずれも空間的な意味で用いられている。ここではおそらく時間的な意味。
（12）3行目と4行目の間に書き込まれている。
（13）４Q秘義 4Q301 断片一3参照。箴三18をも参照。

7[……]そして（それは）なかった(1)。秘義とは何か、もしも[……]8[…………]人に、そして彼[…………]

保存状態

縦最大二・七センチメートル、幅二・五センチの小断片であるが、この間に9行が書かれている。文字の大きさは、高さが一ミリ程度しかない。しかし、整然とした字体で書かれているので判読は困難ではない。

断片九

1[…………]奥義《おくぎ》(2)。彼らはそれを獲得しなかった(3)[…………]2[…………]まことに、それについて、告発の日[…………]3[…………]それは永遠から、[永遠ま]で[…………]

断片一一

1[…………]義[…………]2[…………]そして彼らすべての裁きは、彼の手のうちに(4)（ある）。そして義[…
…………]5[…………]

4Q秘義（4Q301）

断片一

内容

上縁が残り、内容が『箴言』などの知恵文書の序文に似ていることから、「秘義」全体の冒頭部ではないかと考えられている。

1［……私は］私の霊を注ぎ出そう。そしてあなたがたの種類にしたがって、あなたがたに私の言葉を分け与えよう。
［……］2 比喩と謎(5)［を悟る者たち］、そして英知の根源を探索する者たち、(6)［……を］摑む者たちと共に、(7)［……］3
［……］未熟な歩みをする者たち。(8) そして彼らの業のあらゆる働きに思慮をめぐらす人々。［……］4［……］項《うなじ》の
［……］(9)、諸国民の［あら］ゆる騒ぎの頂点、(10)［……］と共に［……］5［…………］

（1）別訳「起こらなかった」。
（2）原語はソードの複数形。
（3）「それ」は男性単数。別訳「彼らはそれに到達しなかった」。
（4）人の命運が神によって決定されていることを言う。
（5）「比喩」の原語はマーシャール。「謎」の原語はヒーダー。箴言一6参照。４Ｑ秘義）4Q300 断片一ａ第ii欄―断片一ｂの01行目を参照。
（6）４Ｑ秘義 4Q300 断片一ａ第ii欄―断片一ｂの03行目「知恵の根源」参照。教訓四 4Q418 断片五五９「英知のあらゆる根源を追い求め」を参照。
（7）４Ｑ秘義 4Q300 断片八５、「秘義を摑む者たち」参照。１Ｑ秘義 1Q27 断片一ｉ７をも参照。
（8）「未熟な者」の原語プーティは、『箴言』で十分な教育を受けていない未熟な若者を指すペティと同義と思われる。４Ｑ秘義 4Q300 断片八４参照。
（9）直訳「項の〔かたい〕者」は、「（心の）頑なさ」を表現する慣用句（出三二９、三三３、５、三四９、申一〇16など）。
（10）「頂点」の原語コドコードは、元来「脳天」を意味する語。

保存状態

縦最大三・七センチメートル、幅六・七センチ（2行目で七語が残る）のほぼ長方形の断片。縦幅一・三センチの上縁が残る。

断片二a

[1]愚者の裁きと賢者［たちの］嗣業《しぎょう》［…………］[2]何と心臓が重要であることか(1)、それは［……］を支配する（からだ）。［……］[3]支配者(2)［…………］

保存状態

断片二aと断片二bは、ミリク（J.T. Milik）によって同一の欄の左右に当たると判断されたが、相互の接合部は存在しないので、確実とは言えない。ここでは訳文を分けて提示する。断片二aは、縦最大二・九センチメートル、幅三・五センチの小断片で、幅約一・四センチの上縁を含む。写真から判断すると、ミリクが推定したように欄の右端であるようには見えない。

断片二b

[1]［……］あなたがたにとって謎とは何か(3)、英知の根源を探索する者たちよ(4)。［……］[2]［……］比喩(5)。あなたがたにとって何と力強いか(6)、それは［……の］比喩(7)［……］君主とは何［……］[3]［……］力なしに。彼はそれを鞭をもって統治するであろう、代価なしに。誰が言うのか［……］[4]［……］あなたがたの中の誰が(8)、光の顔を探し求めるのか(9)、また光《こう》［体《たい》］。［……］[5]［……］［……では］なかった男の姿(10)［……］[6]［……］［……の］御使《みつか》いたちによって［……］[7]

［……］賛美する者たち(11)［……］

保存状態

縦最大六・五センチメートル、幅七・三センチ（3行目）の断片。幅約一・四センチの上縁を含む。4行目以下は次第に欠損部が大きくなっている。

断片三ａ－ｂ

内容

神の威光と偉大さを賛美するかなり整ったかたちの詩文である。この詩の表現法が、後のユダヤ神秘主義（カバラ、特にヘーハロート文学）の場合と似ていると指摘する研究者もいる（断片四、五も同様）。以下の4行目以下の訳文では、詩としての構成を意識して改行した。以下の訳文の「かれ」は、神を意

（1）心臓は、知性と感情の座と考えられていた。
（2）動詞の分詞形。別訳「支配している」。
（3）以下に「あなたがた」に語りかける修辞的疑問文が連続する。
（4）「探索する」と訳した語の判読は困難。４Ｑ秘義 4Q301 断片一2および一四九頁の注（6）参照。
（5）原語マーシャール。４Ｑ秘義 4Q301 断片一2参照。
（6）詩八2、10参照。別訳「強者とは何か」。
（7）「［……を］支配するため」とも読める。
（8）イザ四二23参照。
（9）直訳した。「顔を探し求める」に関しては、詩二四6を参照。さらに義人が「光を求める」モチーフについては、エチ・エノク五八4を参照。
（10）別訳「存在しない男の姿」。異教の男神の偶像を指すのか。申四16参照。
（11）代上二三5参照。

味する。

4［……］そしてかれは、その怒りの遅い(1)ゆえに栄誉を受ける。(2)

［そして］かれは、［その］憤りの大いなるゆえに［偉大］である。

5かれは、その憐れみの多大なるゆえに(3)［賞讃］される。

かれは、その怒りの慎重さのゆえに畏《おそ》るべき方(4)である。

かれは、［……のゆえに］栄誉を受ける。

6［……］そのうちに、また地にあるものをかれが統治するゆえに。

神は、かれの聖なる民によって栄誉を［受ける］。

［かれ］は、7かれに選ばれた者たちに(5)、賞讃される。

［かれは、］かれの聖なる高き所において賞讃される。

かれは、［……の］祝福のゆえに偉大である。

8［……］彼らの賞讃と［……］

邪悪な時(6)と［……の］業《わざ》を滅ぼす時(7)に［……］

保存状態

断片三はaとbの二つの断片からなる。aは、縦最大四・二センチネートル、幅四センチの小断片。bの方がaよりもやや大きく、縦最大六・一センチ、幅四・九ある。どちらにも幅一・一センチの下縁が残る。bの上には3行がかすかに残り、そこには謎めいた記号が書かれていた形跡があるが、判読はできない。エマヌエル・トーブ（E. Tov）は、『暁の子らに、賢者の言葉』（4Q298）の場合と同じ「暗号A」（crytic A）で書かれていた可能性があるとする。3行目の下に余白があって、4行目以下に普通のヘブライ文字で書かれたテクストが5行残っている。aとbは、5行目（aの2行目）でかろうじてつながっているようである。もしもこのような連結が正しいのだとすると、欄の4–6行目はほとんど完全に保存されていることになる。しかし、そうだとするとこの欄の幅は狭すぎるとの印象が残る。

断片四

1[……………]2[……]彼(8)の英知のあらゆる霊を(9)[彼らは]知らなかった[……]3[……]彼のすべての栄光において。そして灰[また塵]とは何か(10)[……]4[……]光輝(11)。彼は[……]のゆえに賞讃される。[……]5[………………]

---

(1)「忍耐強い」の意味。箴二五15参照。
(2)別訳「栄光を現す」。
(3)「多大なる」の原語はハモーン。表現上関連すると思われるイザ六三15からは「その憐れみのたぎる思い」のような訳も考えられるが、ハモーンは単に大量の意味にもなる（ヨエ四14参照）。
(4)詩九九3参照。
(5)詩一〇五6、43参照。
(6)ダマCD VI 10, 14, XII 23, XV 7参照。
(7)別訳「終わらせる」。賢者詩4Q511断片三五1「邪悪を滅ぼす」を参照。
(8)以下の「彼」は、神を指すと考えられる。
(9)教訓四4Q418断片五八2、賢者詩4Q510断片一6参照。
(10)ヨブ三〇19、四二6参照。
(11)原語はゾーハル。エゼ八2、ダニ一二3参照。

保存状態

縦最大二・七センチメートル、幅三・六センチの小断片。欄の中央部らしい。

断片五

[1]〔…………〕[2]〔…………〕彼の王国の宮殿①〔…………〕[3]〔…………〕肉②とは何か、まことに〔…………〕
[4]〔…………〕偉大な光③。そして〔彼は〕栄誉を受ける〔……〕[5]〔…………〕光、そして彼の光〔…………〕

断片六

[1]〔………まこ〕とに、彼には〔……が〕ない〔……〕。[2]〔…………〕彼の資〔産〕と〔彼〕の栄光の行進〔……
……〕[3]〔…………〕彼、彼らに、彼〔…………〕[4]〔……で〕ないか〔…………〕

断片七

[1]〔…………〕[2]〔…………〕〔……の〕満ちるまで④〔…………〕[3]〔…………〕彼の心の邪悪さ〔…………〕
[4]〔…………〕ない〔…………〕

《解説》

1Q秘義（1Q27）**の保存状態、他の写本との関係**

最初に第一洞穴から発見された比較的大きな断片は、二つの欄からなっている（1Q27）。1Q27断片一第i欄は、一九四九年にドゥ・ヴォー（R. de Vaux）神父によって公表された。またDJD I（1955）には、断片一―一三の写真と解読されたテクスト、翻訳（フランス語訳）が掲げられている。書体からは、ヘロデ朝後期のものと鑑定された。山本書店刊行の『死海文書』（一九六三年）では『奥義の書』として翻訳が示された（石田友雄訳）。その後、第四洞穴から同じ文書に属すると推定される写本断片（4Q299, 4Q300）が多数発見された。これらの写本には1Q27との重複が認められる。さらに4Q秘義（4Q301）には、以上の三点との重複は認められないが、これも内容から判断して同じ文書に属する可能性が高いとされる。4Q299, 4Q300, 4Q301はDJD XX（1997）にシフマン（L. Schiffman）によってテクスト、翻訳、注が掲載され、1Q27断片一第i欄と第ii欄の復元テクストも4Q299, 4Q300との照合によって掲げられている。*DSSR*では、1Q27の断片一―一三のテクストと翻訳が掲載されているが、復元テクストはない。以下の翻訳では、断片一第i欄と第ii欄に関しては、シフマンの復元を参照して訳文を提示した。断片二以下の底本テクストは、*DSSR*に従っている。1Q27は、研究の初期においてはクムラン文書として扱われていたが、現在ではそのように考えられてはいない。

（1）「王国」の別訳「支配」。「宮殿」については、「4Qベラホートb」4Q287 断片二11（本シリーズ第Ⅸ冊二九頁の注（11）参照）。以下の「彼」はおそらく神を意味する。
（2）ここではおそらく「人間」の意味。
（3）イザ九1参照。
（4）共規1QS VI 17, 21, VIII 26参照。

4Q秘義（4Q299, 4Q300, 4Q301）の保存状態、他の写本との関係

第四洞穴から発見された 4Q299 と 4Q300 は、先に知られていた 1Q27 との重複箇所の存在によって『秘義』と確認された。まず 4Q299 は、合計百六の断片を含み、この文書の最大の資料となっているが、元の巻物の大きさは不明である。書体は若干くずれたヘロデ朝時代のものであって、1Q27 よりも古いとされる。断片の保存状態は悪く、インクが所々で剝離しているので肉眼で判読するのは困難である。行間の広さはだいたい六―八ミリメートルであるが、断片によってばらつきが大きい。文字は小さく、高さが二―三ミリであるが、やはりばらつきが大きい。

4Q300 は、合計十四の断片を含むが、断片一―七のほとんどが 1Q27 と 4Q299 との重複箇所を含んでいる。4Q300 の羊皮紙は薄くて皺が寄り、劣化が激しい。各断片に書かれた文字は非常に小さく、高さが約一ミリメートルであって、行間は約四ミリしかない。断片一には幅一・三センチメートルの上縁が、断片五には幅一・一センチの下縁が残っている。例えば、4Q300 断片三の場合、わずかに残っている下縁を除くと、縦幅約一・八センチの間に5行が書き込まれている（断片八の場合も参照）。書体は、ヘロデ朝後期と判定される整然とした楷書である。

4Q301 は、断片一―一〇の番号が付けられているが、この数え方には問題がある（断片二の「保存状態」を参照）。行間の平均は七―八ミリメートル、文字の高さは約二・五ミリあって、整然と書かれているので、読みやすい。書体は、ヘロデ朝後期と判定される整然とした楷書である。綴り字の特徴からも、この写本がクムラン共同体で制作されたことがうかがわれる。しかしながら、4Q301 のどこにも他の『秘義』写本と重複した箇所はない。つまり、これが『秘義』の写本の一部である決定的な証拠はない（J. T. Milik, E. J. C. Tigchelaar などは『秘義』の一部であるとするが、L. Schiffman, M. J. Goff は疑念を示す）。これが『秘義』の一部であるとすると、語彙や内容から判断して、この作品の冒頭部であろう。

4Q299, 4Q300, 4Q301の翻訳にあたっては、DJD XXを底本とした。

文書の成立事情、思想的特徴

知恵と黙示の関係については、G・フォン・ラート著『イスラエルの知恵』（原著一九七〇年、拙訳一九八八年、日本基督教団出版局）以来、激しく論争されてきた。知恵と黙示が結合している文書として従来よく知られていたのは、旧約の『ダニエル書』と偽典の『エチオピア語エノク書』であったが、クムランからは、アラム語エノク書断片が発見されただけではなく、同じような思想傾向を示す文書が発見された。その代表が『秘義』と『教訓』である。

『秘義』に特徴的なのは、鍵語ラズ（*raz*）「秘義」（別訳「奥義」「秘密」）であって、これが書名ともなっているのだが、これは旧約では『ダニエル書』二章18節以降にだけ現れるペルシア語起源の語である。そこでは、ダニエルのような特別な知恵を授けられた者だけに、夜の幻によって神の「秘義」が啓示されるとされている（ダニ二19）。そこに啓示される内容は、「終わりの日に何が起こるのか」（二28）に関するものである。『秘義』においては、特別な神の啓示によって知らされる「秘義」の内容は、ラズ・ニフヤ（ないしラズ・ニフイェ）という独特の用語で表現される――この訳しにくい用語は、一応「起こるべきことの秘義」と訳してある。これが終末時の出来事と関係していることは確かであるが、より精密な概念内容に関しては、同じくラズ・ニフヤが繰り返し現れる『教訓』の場合と比較して、さかんに議論されてきた（『教訓』の解説をも参照）。その中で明らかになってきたのは、この表現が単に終末を含む将来の出来事に関係するのみではなく、過去の出来事とも関係しているということである。1Q27断片一第i欄3行目は、「往時のことども」に言及しているが、これは『イザヤ書』四三章18-19節、四六章9節以下を下地にしていると解釈できる。つまり「秘義」はイスラエルの救済史全体を問題にしていることになる。4Q299断片五では、「秘義」は神による宇宙の統治に関して用いられている。このことは占星術に関連していると思われる4Q秘義 4Q299 断片三ａⅱ‐ｂ＋4Q300 断片五10行目以下でも確認することができる（感謝詩 1QH IX 9 以下をも比較参照せよ）。このような意味で、ラズ・ニフヤは、天地創造から終末に至るまでの世界ないし宇宙の秩序全体にかかわると言える。

「秘義」は、終末時における悪の消滅の認識と関係する（1Q27 断片一第ⅰ欄＋4Q300 断片三5‐7行目）。終末においては「（真の）知識が世界に満ちるであろう」（7行目）と宣言される。邪悪な者がこのような「秘義」「知恵」「真理」を認識することはできないし（1Q27 断片一第ⅰ3）、異教の「魔術師」も知ることができない（4Q300 断片一ｂ）。

ラズ・ニフヤには決定論が深く関係している。このことは「秘義」と「計画」が並行して用いられている4Q秘義 4Q299 断片三ａⅱ‐ｂ＋4Q300 断片五がよく示している（感謝詩 1QH IX を比較参照）。ここでは、このような「秘義」を神に選ばれた人間が知る手段として占星術が関係してくる（4Q秘義 4Q299 同箇所13行目の「誕生の家」についての注を参照）。このことは、「秘義」が探求の対象として語られるのみではなく、「注視」の対象とされている理由であろう（4Q300 断片一ａ第ⅱ欄―断片一ｂ＋4Q299 断片三ｃ参照）。

この文書の研究史の上でもっとも注目されるのは、ゴフ（M. J. Goff）のものであるが――本解説の大筋は彼の研究に従っている――、エルグヴィン（T. Elgvin）の研究についても少し紹介しておく。彼は、まず『秘義』と『教訓』の用語的・文体的類似に注目する。どちらにも占星術に関係する用語が出るし、また「知恵の根源」「起こるべきことの秘義」、終末における審判と悪の消滅について語る。しかし、『教訓』が社会生活のさまざまな領域に関して実践的な勧告を行っているのに対して、『秘義』にはこのような勧告がない。『秘義』の場合に注目されるのは、『ダニエル書』との著しい類似である（特に 4Q300 断片一ａ第ⅱ欄―断片一ｂ＋4Q299 断片三ｃを参照）。ダニエルの言う「賢者たち」（マスキリーム）が、『秘義』の語る「知恵のエリート」と類似する点が指摘される。このような賢者たちが、「知恵を持っている」と主張する他の集団と対立関係に置かれている点は、『ベン・シラの知恵』『ダニエル書』『秘義』『教訓』すべてに共通している。このような知恵比べのモチーフは、知恵文学の伝統に沿ったものであるとも言える。『ダニエル書』は、宮廷を舞台とする物語のスタイルをとっているが、『秘義』の場合は、賢者の語りかけという知恵文学の伝統的な文学形式に従っている。なお、『ベン・シラの知恵』にも秘義（ラズ）は出てくるが、用法は異なっている（八18、一二11）。しかしながら、四二章15節以下の神による「秘義」の啓示について語っている部分では、内容的にラズ・ニフヤとの類似を指摘できる。

『秘義』の成立年代に関する議論で重要なのは、論敵が誰かという問題である。『秘義』の場合、主要な対立項はイスラエルと異邦人との間に存在する。ユダヤ人社会内部での対立抗争は問題になっていない。この意味では、基本的にユダヤ民族主義的であると考えて差し支えない。１Q秘義（1Q27）には王の詩篇を思わせる表現があり、４Q秘義（4Q299）断片一〇では、「王」に対する希望が語られている。したがって成立年代としては、ハスモン朝初期か、あるいはそれ以前が想定される（前二〇〇―一五〇年）。祭儀用語の出現は、少なくとも神殿祭儀を懐疑的には見ていない証拠と考えてよい。エルグヴィンは、著者として書記のサークルに属する愛国主義者を想定しているが、祭司との関係を主張する意見（A. Lange 説）も検討の余地がある。

主要な参考文献

J. T. Milik, DJD I, Livre des Mysteres, 102-107.
L. H. Schiffman, DJD XX, Mysteries, 31-123.
Eibert Tigchelaar, Your Wisdom and Your Folly : The Case of 1-4Q Mysteries, in : ed. by F.G. Martinez, *Wisdom and Apocalypticism in the Dead Sea Scrolls and in the Biblical Tradition*, Leuven（2003）, 69-88.
Menahem Kister, Wisdom Literature and its Relation to other Genres : From Ben Sira to Mysteries, in : *Sapiential*

Perspectives : Wisdom Literature in Light of DSSs, STDJ vol 21. Brill（2004）, 13-47.

Torleif Elgvin, Priestly Sages? The Milieus of Origin of 4Q Mysteries and 4Q Instruction, in : *Sapiential Perspectives : Wisdom Literature in Light of DSSs*, STDJ vol 21, Brill（2004）, 67-87.

Matthew J. Goff, Eschatological Wisdom : The Book of Mysteries（1Q27 ; 4Q299-301）, in : *Discerning Wisdom, Supplements to Vetus Testamentum*, vol. 116. Brill（2007）, 69-103.

知恵の教え……………………（4Q412, 4Q425 4Q424）

勝村弘也 訳

知恵の教えA（4Q412）

断片一

1［……を］行うな。［…………］。2［……］多数者に。[1]［……を］行うな。［…………］。3あなたに［対する］おしゃべりな陰口[2] 2［を発出する……］3（余白）あなたの悪行[3]に対する罪責からもまた［…………］。4［そして］私

（1）クムラン共同体の正規の成員を指す。共規1QS VI 8以下、感謝詩1QH VII 24, XII 28参照。

（2）*dbtdbwb*（ディバトデブーブと読むか?）と一語のように綴られている語は、「陰口」「悪評」（詩三一14、箴二五15等）を意味するディッバーと動詞「滑らかに流れる」（*dbb*）の受動分詞との合成語。この動詞の聖書での用例は、雅七10のみ。

（3）「あなたの悪行」と訳した箇所の綴り字は明瞭ではなく、「私の知識」と読む者もいる。

の言うことを把握せよ。［……］英知①。彼は言葉を発出する［…………］。[5]規律②をあなたの唇に［置］きなさい。［……］③そして、あなたの舌には、［盾］となる扉を④（設けなさい）。［（余白）そして今、私の息子よ、］[6]私に[5]［聴きなさい］。[6]それらによって⑤義を口ずさみなさい⑥。［……英知を］探し求める者たちに義［……］。[7]いつもあなたの口で⑦［神を］賞め讃えよ。［……］あなたの震動［…………］。[8]かれの名に感謝を捧げよ。［…………］。[9]多数者の集会において、⑧［…………］。[10]昼も夜も［…………］。

断片四

[1]［……］私の富をかれは嗣業《しぎょう》として与えるだろう。［…………］[2]［……］かれの意思⑨［に従って……］かれは創造した。［…………］。[3]［……］私は呼ばわる⑩、そして［私の声は……］。［…………］。[4]［……］私の言［葉……］そして［……を］知る者たち［…………］。[5]［……］ひと⑪［…………］。

《解説》

四つの断片からなるこの文書は、知恵文学としての特徴を示す。『教訓』（4Q415-418等）とどのような関係にあるのかについては論争されている。その勧告的な内容から『教訓』の導入部の一部であると考える者もいるが、十分な証拠はない。むしろ『感謝の詩篇』（1QH）との共通点に注目する者もいる。四つの断片のうち最後のものは、書体が他のものとは少し異なっており、同一の文書に属するのかどうか疑問がある。最大の断片は断片一であって、7行目以下の部分に欄の右端の縁が残っている。書体から判断して前一世紀、ハスモン朝後期からヘロデ朝初期の写本とされる。断片二、断片三は解読が困難である。底本にはDJD XX（A. Steudelによる校訂）を用いた。

知恵の教えＢ（4Q425）

断片一＋三

1［……］規律⑫、嫌悪するもの⑬、［……の］言［葉］［……］2［……］彼の心のために、［……］無しに［……］3［……］収穫⑭、［……］してはならない［……］4［……］小さな欺瞞⑮［……］5［……］そして舌⑯。そして［……］ない。［……］

（1）「英知」原語ビーナーは、旧約では『箴言』『ヨブ記』などにおいて、人間の知的活動に関して用いられるから、「分別」などと訳される。しかし死海文書では神の「英知」に関して用いられることが多い（感謝詩 1QH V 19, VII 25, IX 23 など）。

（2）「規律」と訳したヘブライ語ムーサールは、動詞 *ysr* から派生した名詞であって、「しつけ」「訓練」などとも訳される、特に知恵的な用語。旧約全体での用例は五十回あるが、そのうちの三十回が『箴言』で用いられている。

（3）この欠損部には余白があっただけかもしれない。

（4）感謝詩 1QH XIV 30 参照。

（5）「あなたの唇と舌によって」の意味。

（6）詩三五28「私の舌があなたの義を口ずさみますように」を参照。詩七一24をも参照。

（7）逐語訳「あなたの口のすべてをもって」。

（8）「クムラン共同体の正規の会員の集会において」の意味。

（9）「意思」と訳したヘブライ語ラツォーンは元来、意思だけではなく感情をも含む語であって「好意」などとも訳される。旧約全体では五十六回用いられるが、死海文書でも頻繁に用いられている。ここでの用法は、神の主権と意思を表現する感謝詩 1QH IX 12 以下の用例に似る。

（10）擬人化された知恵が人間に語りかける箴一20以下、八4以下参照。

（11）原語はエノシュ。

（12）原語ムーサル。別訳「訓練」「教訓」。

（13）元来、祭儀用語として偶像礼拝や性的なタブーを犯すことに用いられたが、『箴言』では詐欺的な行為（一一1、一二22、一七15、二〇10、）など倫理的な意味で用いられている。

（14）別訳「果実」。

（15）別の可能性として「欺瞞。小さい［……］」。

6[……]人[……]彼の道、①そして重[さ]によって、(人は)[彼の仕事を遂行]しないであろう。②[……]7[……]ベリ[アル]③の人。目が閉ざされている人④[……]8[……]心の愚かな者⑤。そして、彼の狂気⑥[……]9[……](余白)[……]10[……]彼に(路を)整えるために⑦[……]11[……]彼の道[……]

保存状態

断片一は、縦最大約六・五センチメートル、幅最大四・九センチ(1行目)の断片で11行を含む。但し、9行目には余白しかない。これの5‐9行目右側に当たると考えられる小断片が断片三である。かろうじて意味がとれる語は三語しかない。

断片四第ii欄

1a与えよ[…………]1何をあなたは逃げ惑うのか[…………]2[……]昏睡⑧[…………]3あらゆる聖[なる]はかりごとをもって⑨[…………]4あらゆ[る……]のゆえに神に感謝するため[…………]5[…………]6ことば⑩[…………]7[…………]

保存状態

断片四は、縦最大約五・二センチメートル、幅最大九センチの断片。この断片の中央左寄りに第i欄と第ii欄を区分する幅〇・七センチ程度の縦の余白がある。第i欄は中央部に欠損があり、判読困難な字が多いので、ここでは訳さない。左側の第ii欄には8行が残っているが、最初の行の右上の語「与えよ」は小さく書かれているので行間への書き込みと思われる(1aと表記)。最後の行は1字が読めるだけである。

断片五

1［…………］恥[11]［…………］2［…………］彼［…………］3［…………］自分の気持ちを治める[12]［……
……］4［…………］邪悪［…………］5［…………］の掟［…………］

保存状態

縦最大二・八センチメートル、幅最大二・二センチの小断片。

（16）「言葉」という意味であろう。

（1）綴り字が誤っていると判断して読む。

（2）教訓類Ｂ 4Q424 断片三1を参照しての推読。

（3）ベリアルは、旧約では「役立たず」「ならず者」の意味で用いられている（サム上二12、箴一六27等）。『感謝の詩篇』（1QH）では、クムラン共同体の敵対者に対して頻繁に用いられるが、ここでは「ならず者」の意味であろう。

（4）イザ六10からとられた表現。教訓類Ｂ 4Q424 断片三3参照。

（5）「愚かな者」エヴィールは、聖書に出るが（箴一〇21、一二15以下等）、「心の愚かな者」という表現は聖書にはない。

教訓四 4Q418 断片五八1、断片六九ii4、感謝詩 1QH IX 39を参照。

（6）申二八28、王下九20、ゼカ一二4参照。

（7）教訓類Ｂ 4Q424 断片一7参照。

（8）原語タルデマ。創二21、一五12、さらに箴一九15の「怠慢は昏睡に陥らせる」参照。

（9）共規 1QS XI 19、戦い 1QM XIII 2 参照。「はかりごと」の原語はマハシェバ。別訳「計画」「意図」。

（10）「彼は言う」と動詞にも解釈できる。

（11）箴三35、九7、一一2等参照。

（12）箴一六32参照。

《解説》

六つの断片からなるこの文書は、知恵文学としての特徴を示す。欠損部が多いために全体の内容を論じることは困難であるが、「舌」（全体で三回出る）「欺瞞」「愚か者」などが話題になっていることから判断すると、『箴言』一〇章以下と比較可能な伝統的な知恵の教えが含まれていたと推定される。「教訓類似文書B」（4Q424）と共通する表現が注目されるが、両者の依存関係は明らかではない。最大の欄は、断片一と三から合成されるが、元の欄の大きさや行数は不明である。書体からは、成立年代としてハスモン朝からヘロデ朝の移行期の前一世紀が推定されている。底本にはDJD XX（A. Steudel による校訂）を用いた。

教訓類似文書B（4Q424）

内容

『ベン・シラの知恵』と類似する知恵文書。勧告の対象は富裕層であって、この点では『教訓』の場合とはまったく異なっている。

断片一

1 […………]① 2 [……]（余白）愚か者②と共に[……する]な。3 [……]街路③。そして、それを建てるように決め、壁を漆喰《しっくい》で覆《おお》った。彼もまた[…………]。4 雷雨の前からの避難所④。（余白）偽善者と共に訴訟を起こすな⑤。（余白）よろめき出た者⑥と共に 5 炉⑦の中に入るな。まさに鉛のように彼は溶けるであろうから。彼は火⑧の前に立つことがてきない。（余白）[6]怠慢な者[9]の手のうちに資産[10]を託すな。彼は、あなたが託した仕事を注意深く行わないから。[11]また、[7]教えにかかわる[6]用件を（彼に）を託すな。[12] [7]彼はまったくあなたの路を整えることができないから。[13]（余白）つぶやく人を［信用］するな、[8]あなたの必要とする金を（余白）集めるために。（余白）唇の歪んだ人[14]を信用するな。[9]［……］彼の唇で、あなたの裁きを必ず歪めるであろう。彼は真実に従って［……すること］を望まない、[10]彼の

（1）1行目はかすかに一字が読めるだけ。
（2）判読は困難。「分離派」「酒ぶね」とも読める。
（3）「街路」（フーツ）の代わりに「内壁」（ハイツ）と読んで、後ろの文と関係させる解釈もある。
（4）イザ四6を参照してこう読む。別の読み方としては「雷雨の前で溶け去る」。
（5）別訳「分け前を取るな」。
（6）動詞 *mwṭ* のヒトパエル形分詞。直訳「揺れ動く者」。道徳的な意味で、正道から外れた者の意味。同じ動詞による類似表現として感謝詩 1QH[a] XIV 24「彼らはあなたの心（にかなう）道からよろめき出て」を参照。
（7）「炉」は試練の比喩的表現。エゼ二二18以下、ベン・シラ二5、幸い 4Q525 断片二三4参照。
（8）試練の火については、Ⅰペト四12参照。
（9）「怠慢な者」は、『箴言』に頻出する愚者の一類型。箴二六13-16、六6以下、一〇26など。
（10）ヘブライ語オートは、知恵文書に少なくとも十六回出現するが、聖書には典拠がなく、その語義について論争されている。従来「秘密」と訳されることが多かったが、「資産」の方が文脈に適合するようである。
（11）「注意深く行う」は、旧約ではミカ六8でしか用いられていない動詞（伝統的に「へりくだって」などと訳される語）。死海文書では生活態度を示す語として用いられる。共規 1QS V 4, VIII 2「慎重に歩む」、幸い 4Q525 断片五13など。
（12）解釈が困難な文である。「教え」の原語レカハは、何かを「得ることのために」とも解釈できる。「言葉」ないし「こと」=「用件」の後に小さな欠損部があるが、「彼に」という表現の入るスペースはない。
（13）箴五6、21を参照。「路を整える」の別訳「路を平坦にする」。同じ動詞を「注視する」と解釈することもできる。ここでは、託された用件を間違いなく遂行することができない、と言っているのであろう。
（14）「唇」は「言葉」の換喩的表現。類似表現として箴一〇31の「ねじれた舌」を参照。

昏の果実①によって。（余白）邪視をする人に②［あなたの財］産を管理させるな。［……］11彼はあなたの気に入るように、あなたの残金を計算し③［ない］だろう。そして［………］余剰なものを持っている者に④［……］。12収穫の時に、⑤彼は不遜な者であると判明するだろう。（余白）短気な者⑥［……］13未熟な者たち、⑦彼は必ず彼らを呑み込むで⑧あろうから。（余白）［……］の人［………］

保存状態

13行からなる、かなり大きな断片であり、4―6行目はほぼ完全に残っている。縦は断片の中央部分で約八・七センチメートルあり、横幅は6行目のところで十一・二センチある。5行目以下には、欄の右縁が含まれ、13行目の下には欄の下の縁が残る。

断片二

1［………］2［……］咎《とが》より彼を清める、神の裁き。そして［嫌］悪すべきことから⑨［……］3［……不］敬な輩。⑩貧しい［人々の］間で彼の保証人になるな。⑪［……］4［……］と鳩の子⑫と一［緒］に［……の］人［……］5［……貧］しい者たち。あなたは彼を［……］するな。［……］6［……］彼は［……］しないであろう。［………］

保存状態

縦最大三・一センチメートル、幅は4行目で四・一センチの小断片。1行目には判読できる文字はない。

断片三

[1]そして重さによって、［……］彼の仕事を遂行しないであろう。⑬調査するより前に裁く人や［……する］前に信じ
てしまう者。⑭[2]知識を追い求める者たちを、⑮彼に治めさせるな、義《ただ》しい者を義しいとし、［邪］悪な者を邪悪とする
ように、⑯彼らを適切に裁くことができないからだ。[3]彼もまた軽蔑のもととなるであろう。⑰（余白）目が閉ざされて
いる人⑱を正直な者たちを識別させようとして、⑲任命するな。なぜなら、［……］。[4]耳の重たい者⑳を、法規㉑を調査す

（1）ホセ一四3参照。
（2）字義通りには「目の邪悪な人」。別訳「悪意のある人」。ここでは財産の管理に関係するので、「けち」「欲ばり」の意味であろう。箴二三6、二八22参照。
（3）「余剰農産物」とも解釈できる。
（4）原語モーティールの逐語訳。余剰農産物を持っている者の意味とも解釈されるが、その意味は明瞭ではない。
（5）農産物の収穫に限らず、何かを集める時のこと。何かの集金のことか。
（6）箴一四17に同じ表現がある。
（7）『箴言』では知恵の教育を十分に受けていない青少年を指す（箴一4、22、32、七7等）。
（8）「呑み込む」の別訳「壊す」。「気の短い者は、青少年を指導する立場に就いてはならない」という意味か。
（9）原語トーエバーは、元来祭儀用語であって、偶像礼拝や性的タブーを犯すことなどを意味するが、知恵文学での用例も多い（箴一一1、一二22、一六5など）。
（10）「邪悪な者」と同義。ヨブ一七8、二〇5、イザ九16参照。
（11）箴六1以下、一一15、ベン・シラ八12-13参照。
（12）「鳩」と訳した原語はヨーナー。この語を動詞と解釈して訳すと「そして息子を彼と一緒に、彼は抑圧するであろう」となる。
（13）知恵B 4Q425断片一+三6と類似する文。
（14）ベン・シラ一一7以下参照。
（15）秘義4Q299断片八7参照。
（16）申二五1、箴一七15によく似た表現。
（17）箴一二8参照。
（18）イザ六10からとられた表現。
（19）難解な表現。別訳「正直な者たちのために観察するために」。
（20）人の言うことをよく理解できない者の意味であろう。
（21）原語ミシュパート。ここでは裁判が問題になっているので「法規」「判例」の意味に解釈する。共規 1QS VI 9, VIII 24以下と比較せよ。

るために派遣するな。人々の争い事を考量すること(1)ができないからだ、精錬に使えないような［弱い］風に向かって［もみがらを］選別するように(2)。5（それは）まさに、彼は聞くことのできない耳に向かって語る者のようであり、［……］の霊によっていびきをかいて眠りこんでいる者に語りかける者のようだ。6心の鈍い人(3)を、はかりごとを調査するために派遣するな。彼の心の知恵は覆い隠されていて、それを支配することはできないからだ。7彼の手にある知恵(4)では見出すことができない。（余白）賢明な人は訓練を受け入れる(5)。（余白）知識ある人は、知恵に出会う(6)、［……］。8正直な人は、裁きにおいて好意を得る。（余白）真実な人は、［格］言を［喜］ぶ。（余白）資産のある人は(7)、［……に］熱心である。9彼は地境を移す(8)すべての者に対して、告発者(9)となる。［……］憐み深い人は、貧者に慈善(10)を［行］う。10［……］財産の不足するすべての者に気を配る、義の子ら［…………］全財産をもって［…………］。

保存状態

12行からなるかなり大きな断片であって、上方と右側の縁を含む。縦は最大約七・二センチメートル、幅は十一・五センチある。左端がわずかに欠けていると判断される行が多く、読みやすい。但し、11行目は、二語が読めるだけで、12行目には読める文字がない。

《解説》

従来「教訓類似文書B」（4Q424）に分類されてきた文書は六つの断片から構成される。しかし断片五と六は、おそらくまったく別の作品の一部である。したがってここでは断片一—四のみを扱う。断片一は13行からなる断片であって、人との付き合い方、特に訴訟や財産の管理などに関する具体的な勧告がその内容となっている。「……と共に」「……の人」という表現が特徴的である。断片二は6行からなる小断片である。断片三は12行からなる。内容は、裁判に関する知恵的な勧告である。断片四はかろうじて七文字が判読できるだけなので、翻訳は不可能である。これら四つの断片の本来の配列順序は不明である。書体はヘロデ朝のものと判断される。成立年代としては漠然と前二―一世紀が推定される。この文書の読者としては、一定の財産を所有する富裕層であって、社会的にも地位の高い人が想定される。その意味で『ベン・シラの知恵』と同じ傾向を持つ知恵文書と考えてよいであろう。『教訓』（4Q415–418）などの読者として、経済的に困窮している者が想定されるのとは対照的である。思想的にも『教訓』のような終末論はまったく見られないから、「教訓類似文書B」（4Q424）を「教訓」と同じ共同体の文学と見ることは不可能である。その意味では「教訓類似文書」という名称は適切ではない。なお、底本にはDJD XXXVIを用いた。

（1）係争の内容を注意深く調べて、裁判を円滑に遂行することを言うのであろう。
（2）エレ四11を参照。精錬の場合も、もみがらと実とを選別する場合も強い風を必要とする。ここでは白黒の判断が困難なことの比喩。
（3）逐語的には「心臓の肥え太った人」。イザ六10と同じ表現。
（4）何かの専門的な技能を意味すると思われる。教訓四4Q418断片八一＋八一a15、19を参照。
（5）箴一九20参照。
（6）箴三13、八35参照。
（7）おそらく、農地を所有する自営農民を意味する。勇気があることや勤勉であることを含意する表現。
（8）申一九14、箴二二28、二三10参照。
（9）逐語的には「係争の主」。
（10）原語ツェダカー。ここでは財力のある者の慈善と解釈される。

知恵の詩 ……（4Q411, 4Q426）

勝村弘也 訳

4Q知恵の詩（4Q411）

内容

神による天地創造を賛美する作品であって、知恵の詩篇としての特徴を示す。

断片一第ii欄

1［そして］あなたは知恵によって喜ぶ［……］2そしてYHWH、彼がさまよわないように(1)［……］3［……の］一日は善い。(2)［……］4見よ、私は(3)［……］ことを始めた。［……］5人(4)に、そして彼は［……］6私は［……を］知った［…

(1) エレ一四18参照。
(2) 詩八四11、創一5参照。
(3) 「私」は、神か、人か、あるいは擬人化された知恵か。
(4) 原語はアダム。ここでは「人類」の意味であろう。

…］[7]誰が賢いのか。①　そして［……］[8]そして彼は沼地②を贖《あがな》った③［……］[9]そして、彼の洞察。④　誰が［……］[10]［……の］住むべき天幕に［……］[11]肉、ＹＨＷ［Ｈは創造した……⑤］[12]ＹＨＷＨは［……を］創造した［……］[13]ＹＨＷＨは天⑥を創造した［……］[14]［……］に彼ら⑦は輝き出る［……］[15]現れるために［……］[16]楽し［む⑧者たち］に［……］[17]［ＹＨＷＨ［……］

《解説》

一断片のみが残存している。これは細長い逆三角形状の断片であって、縦の長さは十一センチメートルほどある。これには幅一センチほどの上縁が含まれ、右側約半分がほとんど余白になっているが、第ⅰ欄の左端がわずかに残る。この右側の余白には縦にはっきりと縫い目が認められる。この縫い目のさらに右側に第ⅰ欄があるが二字しか読みとれない。左側に位置する第ⅱ欄には欄の右端17行が残っている。各行には四―九字程度しか含まれず、下の方になると字数は減少する。

書体はハスモン朝時代（前一世紀）の特徴を示す。神名ＹＨＷＨが通常の書体で書かれていることは、この文書が直接クムラン共同体とは関係がなかったことを示す一つの証拠となる。底本にはDJD XXを用いた。

4Q知恵の詩A（4Q426）

内容

断片一第ⅰ欄から知恵を賛美する作品とみなされてきたが、十三の断片全体からは、教訓文学と見る方が妥当であるように思われる。

断片一第i欄

1[……栄]光と知識の測定、⑼ 日々の長さ。⑽ 2[……]彼のすべての命令を守る者たち、しかし邪悪な者たちの種は、⑾
3[……]（余白）4[……]神は、私の心に知識と分別と⑿を与えた。5[……][真]実を見張る者に、⒀ 6[……の]5こ
とば⒁ 6[…………]彼の兄[弟]⒂ 7[…………]（余白）8[…………]彼らは[……に]ならないであろう。⒃ 9[…
…………]地上におけるあらゆる探究⒄ 10[……]そして、すべてのよそ者 11[……が]10ない。⒅ 11[……]そして、良い
食物、彼女の枝⒆ 12[……]彼の前から隠れて、その日、13[……]地の王たちに、追跡する者 14[……]そして女たち。

(1) ホセ一四10参照。
(2) 聖書での用例は、ヨブ八11、四〇21など四箇所だけの語。
(3) 別訳「買い戻す」。レビ二五26、33参照。
(4) 原語はテブナー。
(5) 本断片12-13行目を参照しての推読。
(6) 「天」は語頭の文字からの推読。
(7) 「彼ら」は、おそらく天体。
(8) 別訳「戯れる」。トーラー（律法）を楽しむのであろう。詩一一九24、70、77参照。さらに箴八30をも参照。
(9) 感謝詩 1QH XIII 23「あなたの栄光は測り知れません」を参照。
(10) 「長寿」の意味か。箴三16、一〇27、知恵言 4Q185 断片一―二ii12参照。
(11) 律法に従う者と従わない者との対照。「種」は「子孫」の意味。
(12) 原語はビーナー。別訳「英知」。
(13) 判読困難な箇所。箴一六17「自分の道を見張る者」を参照。出三四7では「見張る者」は、YHWHである。
(14) 別の読み方として「彼らは言った」。
(15) 別の読み方として「彼は彼を生かす」。
(16) 別訳「彼らは[……で]あるべきではない」。
(17) コヘ一13、七25参照。
(18) 「非存在」の意味。
(19) 「葡萄の枝」のことか。エゼ一七8、23参照。

保存状態

断片一は、縦最大八・九センチメートル、幅最大七・一センチの大きさをもつ。幅約一センチの上縁が残っており、第ⅰ欄と第ⅱ欄の間には、幅〇・六センチ程度の余白がある。14行からなる第ⅰ欄の方が第ⅱ欄よりも大きい。

断片一第ⅱ欄

[1]（余白）［…………］[2]初子《ういご》を私は賞め讃えよう(1)［…………］[3]彼は洞察するであろう。そして、あなたがたに告げよう。［…………］[4]私はひと(2)の行為のうちに、それを(3)洞察しよう［…………］[5]人は自分の歩みを知っている(4)［…………］[6]実直、そして嗣業《しぎょう》。そして［……］するな。［……］[7]彼は私を［……］まで連れて行ってはならない。［……］[8]あなたは私のために(5)垣となる(6)でしょう［…………］[9]人［…………］[10]良い［…………］[11]彼は（道を）備える(7)でしょう。［…………］[12]［…………］

断片二

[1]［……］貪欲な(8)人は、実直ではな［い］［……］[2]［……］そして、彼は分けな［い］(9)［…………］[3]［……］彼らを［…………］

保存状態

上の縁が残っている小さな断片。

断片四

1［……………］2［……］を愛する者［…………］3a［……］そして三［…………］3［……］彼は［……に］達しない［……］4［……］指導者(10)たちのうちの［選］ばれた者［…………］5［……］不浄［…………］6-7［…………］

断片五

1［……］冥［府］の部屋(11)［…………］2［……］忌み嫌うべきものども(12)［…………］3［……］［……の］ものを［…

…］4［…………］5［……］誰が炎(13)を送られるのか［…………］6［……］帰って来ない［…………］

---

(1) 逐語的には「高く揚げよう」。
(2)「ひと」エノシュは確かな推読ではない。
(3) 別訳「彼を」。
(4) この行は「彼の歩み、知識ある人」とも読める。
(5)「私を守るために」の意味。
(6) ヨブ一10参照。
(7) 別の可能性として「見守る」「注視する」（箴五6、21参照）。
(8) 原語「ハブハブ」は箴三〇15に出てくる表現だが、語義は不詳。「ください、ください」の二語にも解釈される。
(9) 何かを「分けない」のか、あるいは「分かれない」「裂けない」のかは不明。
(10) 原語はサル。別訳「君主」「高官」。
(11) 感謝詩 1QH XVIII 36, 箴七27参照。
(12) 元来、異教的な偶像を指す。
(13) 確かな読み方ではない。

断片七

[1]〔……の〕果て(1)〔…………〕[2]〔……〕賢明さを彼は測る〔…………〕[3]〔……〕彼は〔彼の〕倉を開くだろう(2)〔……………〕

保存状態

3行を含み、横幅最大二・四センチメートルからなる小断片。写真では右側に余白があるように見えるが、表面の剥離によって右半分の文字が失われたのである。

断片八

[1]〔…………〕[2]〔……〕まことに、わが神(3)〔…………〕[3]〔……〕冥府へ〔…………〕[4]〔……〕おしゃべりな人(4)〔…………〕

断片一〇

[1]〔……〕倉(5)〔…………〕[2]〔……〕分別ある人(6)〔…………〕[3]〔……〕〔……に〕仕える者たちをすべて嫌悪する(7)〔ように〕〔……〕[4]〔……〕すべての王たち〔…………〕

断片一二

[1]〔…………〕ない〔…………〕[2]〔…………〕探し求めよ、そして〔……〕の氏族〔……〕[3]〔……〕〔(セムの子ら)エラムとアッ〕シュール、アルパクシャド、ル〔ド、アラム〕(8)〔……〕[4]〔…………〕そしてすべて〔……に〕

住む者たち［……］

《解説》

『知恵の詩A』（4Q426）は合計十三の小断片からなる。第i欄と第ii欄を含む比較的大きな断片一を除くと、他の断片は非常に小さいが知恵的用語が散見される。断片一ii3-4行目から知恵の教師が生徒に語っていることがわかる。肯定的に評価される人間像のみではなく、『箴言』で話題となっているような否定的な型の人間も登場する（断片二1、八4）。トーラー（律法）が話題になっていることは（断片一二）、知恵と律法を同一視する（ベン・シラ二四章参照）、ヘレニズム時代の知恵の理解を示しているのかもしれない。底本にはDJD XXを用いた。

（1）別訳「帰結」。秘義1Q27断片一i12にも出る表現。
（2）申二八12では、神が天の倉を開いて雨を降らす時に用いられている表現。
（3）「まことに、わが神」は、小さな文字で書き込まれている。
（4）原語レーツは、『箴言』において典型的な愚者として描かれる。別訳「ほら吹き」。箴一22、三34、一三1、一九25、29等参照。
（5）別訳「宝」。
（6）別訳「英知ある」。
（7）感謝詩1QH VI 37, VIII 28参照。
（8）創一〇22を参照。このような地名ないし民族名が列挙されるのは知恵文書では特異である。

知恵の言葉 ……（4Q185）

勝村弘也 訳

４Ｑ知恵の言葉（4Q185）

内容

古代イスラエルの知恵の伝統に立つ勧告文である。クムラン共同体に特有の表現は見られず、『イザヤ書』『詩篇』『箴言』『ベン・シラの知恵』などとの表現上の類似が目立つ。

断片一―二第i欄、第ii欄

i 1-3［…………］4［……］浄くまた聖［……］5［……］そして、彼の憤りに応じて［……］6［……］そして十回におよぶまで［……］7［……］彼女の(1)前に立つ力がない。また 8［……する］7 希望もない。8 誰が彼の御使《みつか》いたちの前に立つことに耐えられようか。(2) まことに、9 炎の 8 火をもって(3) 9［彼らは］裁くであろう［……］彼の霊。(4) しかしあなたがた、人(5)の子らよ、［あなたがたは災］いだ。(6) まことに、見よ、10 草のように彼はその地から萌え出る。彼の麗しさ①は花のように咲く。②（だが）彼の風が吹きつけると、[11]その根元③は枯れる。そして、その花を風が運び去り、何もなくなる［……］。④[12]風のほか（何も）見出されないだろう。（余白）彼らは、彼を探し求めるが、彼を見つけることはできない。希望はない。[13]そして彼には、［地］上における彼の日々は影のようだ。⑤そこでわが民よ、聴きなさい。[14]私に[13]傾聴しなさい、[14]未熟な者たちよ。⑥われらの神の大能《たいのう》によって賢くなれ。[15]エジプトで[14]彼が行った不思議を想い起こせ、[15]［ハムの地］における奇蹟を。⑦彼への畏《おそ》れの前で、あなたがたの心をおののかせよ。⑧[ii 1]そして［彼の意］思を行いなさい［……］彼の良い慈愛にふさわしく、あなたがたの魂を。[2]命に至る[1]道⑨をあなたがたは探求しなさい。そして、大路［……］残りの者⑩のために、あなたがたの後の子孫のために。どうしてあなたがたは、[3]あなたがたの［魂を］虚しいものに[2]与えるのか。[3]［……］裁き。私に聴き従いなさい、わが子よ。ＹＨＷＨの言葉に反抗するな。⑪[4]［……を］歩んではならない。［……彼がヤ］コブ［に命じた道を］、イサクに定めた径を。[5]彼の［家にいる］一[4]日は、[5]富者［が……］よりも[4]良いではないか。[5]［……］彼を畏れること。また恐怖によって、鳥捕りの罠によって、悩まされないように⑫[6]［……］また彼の御使いたちから離されるために。まことに（そこには）闇はない。[7]［……］彼［……］彼の意思と彼の知識。そしてあなたがたは、[8]何を［……］彼の前で、知識⑬がすべての民に出て行った。幸いだ、彼に彼女が与えられる人は。⑭[9]人の子よ、［……］邪悪な者どもは、次のように自慢するな。「彼女が、[10]私には[9]与えられなかったのだ。また［……］なかった」と。［神は彼女を］イスラエルに［与えた］。良い贈り物のように、彼は彼女を贈与した。⑮彼は、彼の民をすべて贖《あがな》われる。[11]しかし、［彼の知］恵を憎む者たちを、彼は殺す。［……］彼女によって自己を栄化《えいか》する者は、自分が（すでに）彼女を所有していると言うべき［ではない］。[12]彼女を見つけよ、彼女をつ［か］みとり、彼女を嗣業《しぎょう》とせよ。（そうすれば）彼女と共に、［長］寿、⑯骨の潤いと心の喜び、⑰富［と名誉］⑱（がある）。[13]彼女の若さは、彼の慈愛、⑲また［彼の］救い［……］。幸いだ、彼女を行う人は。⑳彼は［彼女に］対して（中傷して）歩き回らない。㉑また[14]欺瞞的な[13]［霊によって］[14]彼女を探し

（1）先行する女性名詞が何かは、不明である。「憤り」を受ける可能性がある。
（2）エチ・エノク六八2参照。
（3）イザ六六15参照。火による裁きについては、ナホ一6、マラ三2をも参照。
（4）この箇所を「彼らは彼の霊によって裁かれるであろう」と読む者もいる。
（5）「人」の原語はアダム。
（6）第ii欄8行目と13行目の「幸いだ、……の人は」との対照を考慮しての推読。

（1）「麗しさ」の原語へセドは、通常「慈愛」と訳される語。
（2）草花の比喩は、イザ四〇6-8を意識した表現と見られる。他に詩九〇5-6、一〇三15-16参照。
（3）別訳「株」は、アラビア語を参照しての訳語。
（4）この箇所は判読が困難なためにさまざまな推読の提案がある。「滅び去る名声のように」など。
（5）代上二九15「地上における私たちの日々は影のようで、希望はない」と類似する。詩一〇二12をも参照。
（6）『箴言』で充分な教育を受けていない若者を指す用語。箴一4、22、七7など。
（7）詩一〇五5、一〇六22参照。
（8）聖書では「おののくな」として用いられる。申七21、ヨシ一9など。
（9）エレ二一8参照。
（10）イザ三七32、エレ三一7、王上一九18参照。さらにロマ一一4以下参照。
（11）詩七八17、40、56参照。
（12）解釈が困難な表現。アラム語の動詞から意味を推定。
（13）「悪」と読む者もいる。
（14）箴三13参照。幸い4Q525断片二ii＋三3-4行目をも参照。「彼女」は擬人化された「知恵」でも「律法」でもある。解説参照。
（15）名詞「贈り物」も動詞「贈与する」も、聖書での用例は創三〇20だけ。
（16）逐語的には「日々の長さ」。箴三16参照。
（17）箴一五30からとられた表現。「骨の潤い」は、逐語的には「骨の油」。
（18）箴三16参照。
（19）「彼」は、「神」のことであろう。「彼女の若さ」は、「知恵＝律法」の麗しさと魅力を表現したもの。
（20）前注（14）参照。
（21）「歩き回る」の原語は*rgl*. 詩一五3からとられた表現。幸い4Q525断片二ii＋三1をも参照。

求めない。饒舌[1]によって彼女を摑みとらない。まさに彼の父祖に与えられたように、彼は彼女を相続するだろう。[そして] 彼女を [摑みとる]、15彼の強い力のすべてを尽くし、彼の及ぶ限りの[2]全力でもって。そして、彼は彼女を彼の子孫に相続するであろう。善きものの [ために] 労[苦]することを、私は知っている。

《解説》

この作品は、死海文書研究の初期の段階から、第四洞穴から発見された知恵文書として注目されてきた。すでに一九六八年にアレグロ（J. Allegro）は、三つの欄からなる断片のテクストと訳文を写真と共に公開した（DJD V）。各欄は15行から構成されている。第i欄の1-2行目は欠けており、3-6行目はかろうじて数語が判読できるだけであるが、7行目以下は、かなりの欠損があるものの比較的よく読める。第ii欄は中央部が欠けている。第iii欄は残存部が少なく、12-13行目を除くと意味のとれる語はわずかである。三つの欄全体に、判読が困難な文字が多い。書体からは前一世紀中頃から末期の写本と推定される。したがって、成立年代は少なくともそれよりは古いことになる。

最初にアレグロの発表したテクストと解釈には、多数の疑問があったために、その後、ストラグネル（J. Strugnell, 1970）やリヒテンベルガー（H. Lichtenberger, 1978, 2002）等によって、新たに復元テクストと訳文が提示されるようになった。

このように、写本の保存状態は良好ではなく、テクストの読み方も細部においては研究者によってかなり相違があるが、『イザヤ書』『詩篇』『箴言』『ベン・シラの知恵』などとの表現上の類似が多く、古代イスラエルの知恵思想の発展を理解する上で重要な文書と見られている。新約聖書の『ヤコブの手紙』との比較も行われている（D. J. Verseput の研究）。

ここに訳文を提示するに際しては、リヒテンベルガーの研究を参照しているマルチネス版（DSSSE）を底本とすることにし、ハリングトン（D. J. Harrington）やゴフ（M. J. Goff）の研究も適宜参照した。

この断片の細部の解釈については、意見の開きがかなり認められるが、全体の文学的な構成に関しては、研究者の間で相違は見られない。保存状態が悪い第ⅰ欄の冒頭部を別にすると、第ⅰ欄から第ⅱ欄は、五つの段落から構成される。まず呼びかけ文、「しかしあなたがた、人の子らよ」（ⅰ9）から始まる段落がある。ここでは『イザヤ書』四〇章6―8節のよく知られた草花の比喩を用いて、人の命のはかなさが語られる。次の段落は、「そこでわが民よ、聴きなさい。私に傾聴しなさい、未熟な者たちよ」（ⅰ13-14）で始まる。ここでは出エジプトの出来事が想起される。次の段落も同様の呼びかけ文、「私に聴き従いなさい、わが子よ」（ⅱ3）で始まる。ここで問題になっている「YHWHの言葉」「イサクに定めた径」は、律法（トーラー）を指すと考えられる。『ベン・シラの知恵』二四章と同様の律法と知恵の同一視が起こっているのであろう。以上の三段落に続いて、「幸いだ、彼に彼女が与えられる人は」で始まる段落（ⅱ8-13）がくる。ここでは『箴言』三章13節以下のような女性として擬人化された知恵が「彼女」として言及されているとひとまずは考えられるが、「知恵」（ホクマー）も「律法」（トーラー）も共に女性名詞であるから、「彼女」を「知恵」と「律法」のどちらかに特定することは不可能である。第五段落も「幸いだ」で始まっている（ⅱ13）。ここでは「彼女を行う」ことが問題になる。「父祖に与えられ」、次の世代に継承されるべきものとして、「知恵」＝「律法」が語られる。以上のような知恵は、他のクムラン共同体文書で問題になってい

（1）逐語的には「滑らかさ」。「へつらい」や「欺瞞的な言葉」を含意する。

（2）「究められない」、ないし「限りのない」を意訳した。

るような知恵とは、性格を異にしており、どこまでも古くからのイスラエルの知恵の系譜にとどまっているとみなされる。

幸いなる者 ……（4Q525）

勝村弘也 訳

断片一

内容

内容から判断しても、文書全体の冒頭部であると推定される。『箴言』の序文と比較可能である。

1 [……幸いだ、] 神が [……のために] 彼に与えた知恵によって語[る者は]。[……]
2 [……] 知恵と規[律](1)とを [知るために]、[……] を洞察するために。[……]
3 [……] 知[識] を増し加えるため [……………]

（1）原語ムーサルを推定。知恵文学に特徴的な用語。別訳「訓練」「教訓」。

保存状態

欄の上縁が残されていることから、第1行目から3行目の一部であることがわかる。

断片二第ii欄＋断片三

内容

『マタイによる福音書』五章3節以下などと共通の「幸いだ」で始まる詞が連続する。繰り返し言及される「彼女」は、擬人化された知恵を意味すると解釈される。

[1]清い心をもって、彼は中傷して回らない。⑴（余白）幸いだ、彼女の掟を摑む者たちは。⑵彼らは[2]不義の道を⑶[1]摑まない。[2]（余白）幸いだ、彼女によって歓喜する者たちは。彼らは愚行の道を湧き出すことはない。⑷（余白）幸いだ、[3]清浄な両掌《りょうて》をもって⑸[2]彼女を尋ね求める者たちは。[3]彼らは欺瞞的な心で⑹彼女を探し求めない。⑺（余白）幸いだ、知恵に到達する人は。（余白）彼は[4]至高者の律法に⑻[3]歩み、[4]彼の心を彼女の道へと堅く定める。⑼（余白）そして、彼女の戒めをもって自らを律し、彼女の懲らしめの⑽うちに常に喜びを見出す。[5]彼が苦悶する苦難の時にも、彼女を見棄てない。また、苦悩⑾の時にも彼女を棄てない。恐怖⑿の［日にも］彼女を忘れない。[6]彼の魂の謙遜⒀によって、［彼女を］嫌うことはない。まことに、彼は常に彼女のことを思い巡らし、⒁彼の艱難《かんなん》の時に［彼女のことに］思い耽《ふけ》る。⒂[7]彼の［全］生涯［において］彼女を［……］、彼の目の前に［彼女を据える］、［……］の道によって歩くことがないように。[8]［……］共に。⒃そして彼は、彼の心をまったく彼女にゆだねた。［……］[9]［そして純金と］金［の冠を］彼の［頭上に、彼女は置く］。⒄そして彼女は、［彼を］王たちと共に座らせる［……］。[10]彼の杖［をもって……］の上に［……］兄弟たちを［……］。[11]（余白）[12]［そして］今、息子たちよ、［私に］聴け。⒅［……から］転じるな。［…

…」
13［……の］友の自［由］(19)［…………］

(1) 直訳「彼は、その舌をもって歩かない」。詩一五3参照。この詞の全体は、「幸いだ、清い心をもって……する者は、彼は中傷して回らない」のようになっていたのであろう。知恵言 4Q185 断片一—二ii 13参照。
(2) 箴三18「彼女を摑む者は、幸いである」参照。
(3) 「不義」別訳「不正」の原語はアウラー。クムラン共同体で頻繁に用いられた語。「不義の道」という表現は、感謝詩 1QH VI 37 にも出る。
(4) 愚行を次から次へと繰り返すようなことをしない、の意味。箴一五2「愚者たちの口は、愚かさを湧き出す」参照。動詞「湧き出す」については詩一九3をも参照。
(5) 詩二四4参照。
(6) 詩一七1には「欺瞞的な唇」という表現がある。幸い断片五7参照。
(7) 動詞 *sḥr* は、箴一28、八17で知恵の探求に関して用いられている。
(8) 原語トーラー。別訳「諭し」「教え」。「至高者の律法」については、ベン・シラ四一8、四二2、四九4。詩・外 11Q5 XVIII 12をも参照。
(9) ベン・シラ一四21参照。
(10) 直訳「打撃」。
(11) 原語ツーカー。旧約での用例は、箴一27以外には『イザヤ書』の二回だけ。幸い断片五2参照。
(12) 原語パハド。箴一27参照。
(13) 原語アナワー。幸い断片一〇4、一四ii 20、二七1参照。聖書には用例がない「魂の謙遜」という表現については、共規 1QS III 8を参照。
(14) 動詞 *hgh* については、詩一2、ベン・シラ一四20参照。
(15) 動詞 *śyḥ* のピルペル形のよく似た用法は、詩一四三5に見られる。但し、この箇所は古来難解とされてきた。瞑想に関連する語であろう。
(16) 原語はヤハド。
(17) 箴四9を参照しての推読。ベン・シラ六30以下をも参照。
(18) 箴四1、八32。
(19) 「自由」と訳した語は、あまり確かな推読ではない。女性の「友」を推定したが、「邪悪な」とも読める。

保存状態

最大幅約十九センチメートルからなる断片二には、三つの欄が含まれている。縦幅約一・九センチの上縁がきれいに残っている。第i欄は4-5行目の左端数文字が残っているだけなので内容は不明である。第ii欄の上部はよく保存されており、殊に最初の4行はほぼ完全な形で残っている（幅は約十三・五センチ）。小さな断片三は、この欄の9行目以下の右端に相当すると判断される。

断片二第iii欄

内容

欠損部分が大きいが、内容の概略は推定できる。『箴言』三章と八章などとの比較から、知恵の至高の価値について比喩を用いて語っているものと思われる。

1 彼女とは比べられ［ない］。終日①［…………］。2 金をもっても得られない。［…………］3 どんな宝石②とも［……］4 彼の顔の姿に、彼は似ている。［…………］5 そして紫の花々③は［……］と共に［…………］6 あらゆる衣と共に紅［……］7 そして、金と珊瑚④と［……］とをもって［……］

保存状態

欄の右上7行目まで各行の冒頭三―四語程度が残るだけである（各行の幅は約三センチメートル）。

断片五

内容

『箴言』と共通する語彙が多く、知恵文書としての特徴を示すと共に、「割り当て」「籤」「思慮深く暮らす」などクムラン共同体に特徴的な用語も目立つ。ここでも「彼女」は、擬人化された知恵を指すと解釈される。

1 […………] 2 […………] 苦悩(5)の時に、[…………] 3 [……] 彼女の試練、そして[…………] 4 [……]
(余白)[…………] 5 [……] 彼女の清さ[…………] 6 […………] [邪]悪な心で彼女を尋ね求める[な]。[…

…] 7 [……] 彼女の道[……聴]け。欺瞞的な心で彼女をた[ずね]求めるな。(6) そして[……の掟]によって[……]。
8 あなたがたの割り当てをよそ者に、あなたがたの籤《くじ》(7)を異邦人(8)に棄てるな。まことに、知恵[者たちは……]。9 彼

---

(1)「終日」ではなく、「どのような財産も」のようにも読める。
(2) 直訳すると「欲望の石」ないし「喜悦の石」。同じ表現はイザ五四12にある。知恵を金銀や宝石と比較することについては、箴八10-11を参照。
(3) 旧約では雅二12にしか用例がない語。
(4) 別訳「真珠」。箴三15、八11参照。
(5) 幸い断片二ii＋三5および一八九頁の注(11)参照。
(6) 幸い断片二ii＋三3行目参照。知恵言 4Q185 断片一―二ii 13-14参照。
(7)「割り当て」原語ヘレクは、旧約では相続される土地や祭司の取り分などに対して用いられる語。「籤」も土地の分割に関連する語。ここでは字義通りの意味かどうか不明。神から与えられる救いの恵みを意味するのであろうか。つまり、具体的には神の知恵としての「律法」を指すのかもしれない。これを「籤」と言い換える場合には、この恵みが神によって決定されたものであることを強調することになる。
(8) この箇所での「よそ者」「異邦人」も字義通りの意味かどうか不明。非ユダヤ人の意味ではなく、クムラン共同体に属さない者の意味である可能性がある。

らは甘い（言葉）で教え諭す。(1) 神を畏《おそ》れる者たちは、彼女の道を見張る。(2) そして、彼らは［……に］歩む。［……］[10]彼女の掟。(3) 彼女の訓戒《くんかい》を拒絶するな。分別ある者たちは、(4)［……に］出会う。(5) [11]まっとうに歩む者たちは、(6) 不義を離れる。彼女の訓練を拒絶するな。［……を］[12]彼らは担う。利口な者たちは、(7) 彼女の道を認識する。そして、彼女の深みに［……を］[13]彼らは注視する。神を愛する者たちは、彼女によって思慮深く暮らす。(8) そして、［……の］道に［……］。

保存状態

13行からなるかなり大きな断片である。1行目はかすかに文字の痕跡が見えるだけ、2-5行目は各行一―二語しか残っていない。6行目から判読できる語が増えるが、多い行でも七語程度である（11行目）。このあたりの横幅は約七・五センチメートルある。

断片六第ii欄

[1]答え。(9) そして、［……］のない熱心が起こること。［……］。[2]悟ることなしに。誘［惑］(10)の霊から［……］。[3]知識[2]［なしに］。[3]弱められた霊から［……］。[4]彼は祝福する。そして、［……］なしに躓《つまず》かせる者［……］[5]確かである。そして、［……］なしに見出す者［……］[6]高慢、そして心の欺瞞(11)［……］

[7]［……］

保存状態

最大縦六センチメートル、幅最大五・五センチからなるこの断片には厳密には二つの欄が含まれ、約一・九センチの上縁が残る。第ⅰ欄に残されているのは、数文字で意味は読み取れない。第ⅱ欄には、欄の右上7行が残る。但し、7行目は読めない。1–6行目の各行には三語程度が残るだけなので、テクスト全体の意味を推定するには不足している。

断片七

1［…………］［……なしの］栄光から⑫［……］2［…………］確かさなしに［…………］3［…………］なしの
口［…………］4［…………］［心の］おもいはかることの性向⑬から［…………］5［…………］励まし続ける⑭

（1）「洞察する」「理解する」の意味にもとれるが、ここでは使役的な意味にとった。
（2）箴二8、11、四13、23、五2、一三3、6等参照。
（3）「彼らは……彼女の掟に従って歩む」のように、前の動詞の「歩む」と関係するのかもしれない。
（4）原語ナボーン。箴一5、一四6、33等に出る表現。
（5）箴三13「英知に出会う」、八35、一二2、一八22「ヤハウェからの好意に出会う」参照。教訓類B 4Q424 断片三の7行目には「知識ある人は、知恵に出会う」とある。なお、「出会う」の別訳として「獲得する」も可能（幸い断片一四ii19参照）。
（6）別訳「完全に歩む者たち」。詩一五2、箴二八18参照（これらの用例では単数形）。死海文書には、このような表現が繰り返し出る（共規1QS II 2, III 9, ダマCD I 20–21等）。
（7）原語アールームは知恵的な用語。箴一四15、18、一五5、二二3など参照。
（8）「思慮深く暮らす」の原語は *ṣnʿ*. 別訳「慎み深く歩む」。聖書ではミカ六8にしか用例がないが、死海文書での用例は十三回を数える（共規1QS IV 5, V 4, VIII 2, 教訓類B 4Q424 断片一6など）。
（9）原語マアネ。別訳「目的」。箴一六1、4参照。
（10）「誘惑の」が推定される。
（11）「心の」は確かな読みではない。
（12）「栄光から」は、動詞 *kbd* のピエル形分詞とも解釈できる。別訳「敬う者」。出二〇12、ベン・シラ三8参照。
（13）創六5を意識した表現。

霊によって［…………］

保存状態

最大縦約三・三センチメートル、幅最大二・三センチの小断片。

断片八

1［…………］［……］なしに造られた①［……］2［…………］［彼女の］唇の霊の注ぎ②［…………］3［………］絶滅する裁き［…………］4［…………］［……の］富［…………］

保存状態

縦最大二・四センチメートル、幅最大二・七センチの小断片。1‐3行目は二―三語が判読できるが、4行目はかろうじて一語読めるだけである。

断片一〇

内容

小さな断片であるが、知恵的な勧告文であることはわかる。

1［…………］数。そして［……が］ない。［……］2（余白）3［……そこで今、］私に注意しなさい、③［……の］すべての子らよ［……］4［……］そして、謙遜と誠実④、そして罪に、また［……］に［……］5［……］敵も愛する者⑤もすべての肉なるものも神[6]の義に従う[7]［裁き］［……］。6［……］［も］しもあなたが善をなせば、彼はあなたに善をなすであろう。そして、あなたは戻らな［い］。［……］7［……］全［イスラエ］ル、［人の］悪［…………］

保存状態

7行からなる小断片である。1行目には各文字の下半分しか見えないが、かろうじて意味をとることができる。2行目は余白になっていて、3行目から新しい段落が始まっているらしい。5行目の幅は約六センチメートルある。

断片一一―一二

1［……］［とこしえの］あらゆる祝福と共に豊かな平安[8]［……］2［……］私を摑むすべての者には、栄誉の衣[9]［……］

(14)「励まし続ける」と訳した動詞 *trd* の聖書での用例は、しつこい雨漏りに関する箴一九13、二七15だけ。

---

(1) 別の可能性として「守るもの」。
(2)「注ぎ」の原語はマッザール。感謝詩 1QH XIX 8 では「発言」と訳す。教訓四 4Q418 断片二二二2も参照。
(3) 箴四1、七24、イザ四九1参照。
(4)「謙遜」については、幸い断片二ii＋三の6行目および一八九頁の注（13）参照。共規 1QS III 8「誠実と謙遜との霊によって自分の罪が贖われ」を参照。
(5)「神を愛する者」の意味であろう。
(6)「神」は確かな読みではない。
(7)「義」の前にヨードの一文字が書き込まれた形跡がある。この語を動詞として解釈し、ここを「すべての肉なるものは義とされることはない」と読もうとしたのであろう。
(8) 詩三七11、七二7参照。
(9) 共規 1QS IV 7–8, ベン・シラ六31参照。

[3][……]私のすべての道においてまっとうに[歩むすべての者たちに](1)、そして[……のす]べての者に[……]
[4][……][……の]すべての霊と共に[……][5][…………]

保存状態

二つの小断片を接合させたもの。最大横幅五・三センチメートル、縦三・二センチの小断片となる。5行目はほとんど読めない。

断片一三

[1][…………]そして彼らの口から[…………][2][……]あなたは受け継ぐ。あなたはいやいや(2)[彼ら]に与えるだろう。[……][3][……]彼らは[……の]中に血を注ごうとして見張る(3)[……][4][……]あなたは高慢を嗣業とする。そして、彼女の腸の中で(4)[……][5][……]すべて彼女を受け継ぐ者(5)（余白）[……][6][……]そこで今、すべての[……の子らは]私に聴き従いなさい[……]

保存状態

縦最大約五センチメートル、幅最大四・二センチ（4行目）の小断片。6行からなるが、1行目は文字の下半分しか残っていない。右隅に下縁が残る。

断片一四第ii欄

内容

知恵文学としての特徴を示す勧告文である。

1[……]におけるあなたの嗣業《しぎょう》(6)[……] 2不法の玉座の上に、また高き所の上に集まる[……] 3彼ら
の心に。あなたの頭を彼らは高く上げる(7)[……] 4あなたは、賞め讃える。そして、あなたの言葉の前で、
彼らは力を誇[示する(8)……] 5万物における壮麗さと、万[物]における好ましさ[……] 6あなたの
(歩む)道における打撃。あなたはよろめかない(9)[……] 7あなたは祝福される。あなたの揺らぐ時に、あな
たは[支え](10)を見出す。[……] 8憎む者の罵りが、あなたにくることはない。そして[……]
9共に。あなたを憎む者たちが、敷居に立つであろう(11)。[……] 10あなたの心臓。そして、[彼らが]へつらっ

(1) 幸い断片五11行および一九三頁の注(6)参照。

(2)「いやいや」は意訳。物惜しみすることを言う。逐語的には「目の邪悪さをもって」。申一五9、二八54を参照。

(3) 別訳「恨みを抱く」。

(4)「腸」は聖書には用例がない語。感謝詩 1QH では四回用いられている(IV 37, XIII 30 など)。幸い断片二三1をも参照。

(5)「彼女」は、擬人化された「知恵」あるいは「愚かさ」(箴九13以下参照)であろう。教訓 4Q418 断片五五6の「真理を嗣業とする」、邪悪 4Q184 断片一8、11の「彼女を受け継ぐ(すべての)者」を参照。

(6)「受け継ぐ」「嗣業とする」を意味する動詞 *nhl* と同じ語根の語で、この作品の鍵語の一つ。本断片14行目および一九九頁の注(10)、幸い断片一三2、4、5参照。「嗣業」は教訓で頻繁に用いられている(教訓二 4Q416 断片二iii10以下、教訓四 4Q418 断片八一+八一a3、11、20など)。

(7) 教訓二 4Q416 断片二iii11参照。

(8) イザ四二13、ヨブ一五25参照。

(9)「よろめく」は、イザ二四19参照。

(10)「支え」の別訳「杖」。詩一八19参照。

(11)「しげしげと通う」の意味か。詩八四11には、神殿の「敷居をまたぐ」という表現がある。

てくるときにも、［神］を喜びとする。⑵［……］ [11]そしてあなたの足を広々とした所に⑶ [10]［導き出すであろう］⑷。 [11]あなたの敵の高き所⑸の上をあなたは歩くであろう。そして、［…………］ [12]あなたの魂⑹。彼⑺は、あなたをあらゆる災いから救い出す。そして、恐怖があなたにくることはない。［…………を］ [13]彼はあなたに占領させるであろう。⑻ あなたの日々を、彼は良いもので満たす。⑼ そして、大いなる平安をもってあなたは、［…………］ [14]あなたは名誉を嗣業とするであろう。⑽ あなたがとこしえの憩いの場へと奪い去られるならば⑾、彼らは、［……を］嗣業とする。［……］ [15]そして、あなたの教え⑿のうちに、あなたを知るものは皆、共に⒀歩むであろう。［…………］ [16]彼らは共に嘆き悲しむであろう。しかし、あなたの道において彼らは、あなたを想い起こすであろう。あなたは［……］であったから。［……］ [17]（余白） [18]そこで今、英知ある者よ⒁、私に聴きなさい。そして、あなたの心を［……に］置きなさい。［……］ [19]あなたの腹の中に知識を獲得しなさい。⒂［……］そして、あなたの体の中で熟慮しなさい。［…………］ [20]義なる謙遜をもって⒃、［あなたの］ことばを発しなさい。そして、与えるな［…………］。 [21]あなたの隣人の言葉に言い逆らう［な］、さもないとあなたに対して彼は［……する］であろう。［……］ [22]あなたの聴き手に応じて、彼にふさわしい答えをしなさい。気を［つけなさい…………］ [23]彼らのことばをあなたが聴くよりも前に、不満を吐き出しては⒄［ならない］。［…………］ [24]過度に。（余白）始めに、彼らの言うことを聴きなさい。そして、その後で［……に］応答しなさい。 [25]怒ること [24]［遅く］⒅、 [25]それらを出しなさい。そして、高官たちのただ中でしっかりと答えなさい。そして［…………］ [26]あなたの唇をもって。そして舌の躓き⒆に、十分注意を払いなさい。［…………］ [27]あなたの唇に捕らえられないように。また舌によって、共に罠にかかることの（ないように）。［………］ [28]尊大な⒇言葉［……］私から。彼らはひねくれている［…………］

保存状態

合計28行からなるかなり大きな断片である。二つの欄からなるが、第i欄は各行の左端数文字が残って

(1) 基本的には「穢す」の意味をもつ動詞が使われているが、ここではダニ一一32と同様、「甘言を弄する」の意味に解する。
(2) 詩三七4参照。
(3) 詩三一9参照。
(4) サム下二二20を参照しての推読。
(5) 原語バーモート。礼拝が行われた場所。
(6) この箇所に「そして、あなたは心を尽くし、あなたの魂（＝精神）を尽くして神を愛するであろう」を補って読む者もいる。
(7) 「彼」は「神」であろう。
(8) 別訳「相続させるであろう」。
(9) 詩一〇七9、申六11参照。
(10) 箴三35参照。幸い断片一四ii1と一九七頁の注（6）をも参照。
(11) 「憩いの場」については、イザ二八12、六六1参照。「奪い去られる」と訳した動詞は、創一九15、17、サム上一二25、二六10、二七1等で「消え去る」の意味で用いられている。「死ぬ」の婉曲表現である。死後の世界について語っていることになる。
(12) 「教え」の原語はタルムード。聖書には用例がないが、死海文書では他に、ナホ・ペ4Q169断片三—四ii8に用例がある。
(13) 「共に」の原語はヤハド。次行の「共に」も同じ。
(14) 「英知ある者」原語メービーンは、『教訓』において教えの聴き手とされている者を指す（教訓二4Q416断片四3、教訓三4Q417断片一i1、14、18等）。『教訓』解説参照。
(15) 探求の結果として「出会う」の意味がある（箴三13、八35参照）。
(16) 詩四五5参照。
(17) 別訳「嘆きを注ぎ出しては」。詩一〇二1、一四二3参照。次の行との関連から、ここでも他の人が発言している最中に、それを遮って発言してはならないという意味にもとれる。共規1QS VI 10参照。
(18) 「忍耐をもって」の意味。
(19) 「躓き」と訳した語の*tql*は、聖書には用例のないアラム語からの借用語。死海文書にもここにしか用例はないが、出一〇7のタルグムでは「罠」の訳語として用いられている。ここでの「舌」は、「言葉」の意味。
(20) 原語のトーフラーは、「暴言」などと訳されるヨブ一22のティフラーや「虚飾」「むなしさ」などと訳される哀二14のターフェルの関連語と解釈される。

いるだけである。第ii欄は各行の右側が二語から七語程度保存されている。1行には十―十二語くらいが書かれていたと推定されるから、比較的よく保存されている行の場合には、半分以上が残されていることになる。28行目以下には縦幅約一・五センチメートルの下縁の余白があるので、この欄が28行目で終わっていたことがわかる。

断片一五

内容

欠損があるために正確な意味はとれないが、繰り返される蝮や蛇に関する表現は、敵の語る言葉をイメージしているのであろう（感謝詩 1QH XIII 22 以下を参照）。終末における裁きに関係するのであろうか。

1［……闇］、暗闇［……あなたは］貧困を集めるであろう。そして、倉［庫］(1)に［……］2［……］蝮《まむし》ども、(2)［……］あなたは彼のもとへと歩み、あなたは入るであろう。高［慢］に(3)［……］3［……］炎の蛇。(4)そして、わななき(5)のうちに蝮は高き所に垂れさがる［……］4［……］その中に彼らはしっかりと立つであろう。永久の呪いと、大蛇の毒(6)［……］5［……］毒蛇。(7)その中で、死の火炎が飛ぶであろう。その入口に、あなたは踏み［込むであろう……］6［……］彼はあなたに所有させるであろう。その基《もとい》(8)は、硫黄の炎、その基礎(9)は火［……］7［……］その扉は、侮辱的な罵り、その閂《かんぬき》(10)は破滅の断食(11)［……］8［……］彼らは命の路に至らない。あなたは［……に］入るであろう［……］。9［……］炎の蛇の咬み傷［が］死に［至らせる］［…………］

保存状態

欄の左右を欠く9行を含む断片。5行目あたりで最大幅六・七センチメートルある。中央に小さな裂け目がある。9行目はかろうじて一語が判読できる。左上に縦幅約一・五センチの縁が残る。

断片一六

[1] […………] [2] あなたは[……を]解き放ったのか。(12)[……] [3] 彼女によって分別ある者たちは迷う[…………]
[4] そして、罠[……] [5] 流血の [4] [男たちが](13) [5] 殺[した…………] [6] 背信と抑圧によって[…………] [7] 家と扉[…
…………]

保存状態

縦最大約四・三センチメートル、幅最大二・九センチの小断片。7行が残るが、1行目は読めない。

---

(1) 確かな推読ではない。「数」を推定する者もいる。
(2) 感謝詩1QH XIII 29, イザ一一8、ヨブ二〇14、16参照。
(3) ミカ二3の「ふんぞり返って歩く」を参照。
(4) 別訳「サーラーフ蛇」。民二一6、申八15、イザ一四29参照。
(5) 別訳「戦慄」。イザ二一3、エゼ三〇4、9、ナホ二11、感謝詩1QH XVIII 35参照。
(6) 申三二33、感謝詩1QH XIII 12、ダマCD VIII 9参照。
(7) 聖書ではイザ一四29だけにしか用例がない語。
(8) 原語はソード。別訳「評議会」。
(9) 逐語的に「彼が立っている場所」とも訳せる。
(10) 雅五5、ネヘ三3、6、13以下参照。
(11) 意味不明の表現。
(12) エレ一五11「私はあなたを解き放つ」を参照。
(13) 詩二六9、五五24、五九3、箴二九10など参照。

断片一七

1［……………］2［……］炭火の(1)［…………………］3［……］彼らは嘘で満ちる［……………］4［……］大蛇の毒(2)が溶ける［……………］5［……］ますら男、［……の］まわり［……］6［……］光《こう》（体《たい》）の輝き(3)の中と［………………］7-8［…………］

保存状態

縦最大五センチメートル、幅二・五センチの小断片。1行目と8行目はわずかな痕跡だけ、7行目は判読できる語がない。

断片一八

1［……］あなたは罠に陥る(4)［……………］2［……］おぞましいもの(5)をもって［…………………］3［……］あなたは立ち上がった［………………］4［……］そして心の穢《けが》れ(6)によって［…………］

保存状態

縦最大約二・五センチメートル、幅一・四センチの小断片。

断片二一

1［……］常闇《とこやみ》(7)。そして、私は身を［震わせる……］2［……］神に呪われた者たち(8)［……］3［……］邪悪な者ども、あなたは彼らに聴かせる［……］4［……］そして、あなたは不品行を選ぶであろう［……］5［……］彼の中、彼らは勝ち誇って行進するだろう［……］6［……］軍靴をもって[9]転がされた者たち[10]［……］7［……］彼らは彼女[11]の源を干
［上がらせた］。［……の］源［……］8［……］憤怒を集めること［によって］[12]、また忍［耐］をもって［……］9［……］
確かさ。そして憤り［……］

保存状態

縦最大約六・四センチメートル、幅最大約三・八センチの小断片。各行二―三語しか判読できない。縦幅約一センチの上縁が残っている。

（1）箴二六21、詩一一6、イザ四四12、五四16参照。
（2）二〇一頁の注（6）参照。
（3）「輝き」の原語はゾーハル。聖書での用例はエゼ八2、ダニ一二3だけ。秘義 4Q301 断片四4参照。後代のカバラでは重要な語となった。
（4）申七25、箴六2参照。
（5）別訳「憎むべきもの」。偶像や偶像礼拝のこと。エレ七30、エゼ五11、三七23など参照。
（6）「穢れ」原語ニッダーは、元来月経による出血を意味する語（レビ一二2、一五19以下など）。死海文書では、一般的な意味での「穢れ」「不浄」を意味する語として多用される（感謝詩 1QH IV 31, V 32 など）。
（7）別訳「真っ暗闇」。詩八八7、哀三6参照。
（8）別訳「神の怒りに触れた者たち」。箴二二14参照。
（9）イザ九4参照。
（10）感謝詩 1QH XXII 8「転げ回る者」参照。幸い断片二三4と比較せよ。
（11）「彼女」は、おそらく「知恵」のことであろう。箴一八4参照
（12）エゼ二三20参照。別の推読として、幸い断片二三5を参照して、「私は憤怒を集めよう」。

断片二二

[1]［…………］[2]［……］淫《みだ》らなことを①［行］う者たち。私のもとに来なさい［……］[3]［……］彼らは共に宿②った。そして、［……］[4]［……邪］悪［の中を］彼らは転げ回るであろう③。（余白）［……］[5]［……］彼らの麗《うるわ》しさ［によって……］。私は憤怒を集めよう④［……］[6]［……］彼らは戻ってくるであろう。そして［……］

保存状態

縦最大二・九センチメートル、幅二・四センチの小断片。6行が残るが、1行目には判読できる語がない。

断片二三

[1]彼らは、神の前で私の腸⑤をつかむ。［……］[2]私は揺らぐでしょう。そして［……の］決定の日に［……］[3]そして穴の底に⑥降るために、そして［……］のために［……］[4]憤怒の炉の中で。⑦（余白）まことに、私は賢［い……］[5]彼は［……の］聡明な人々によって命じた［……］[6]彼らのために。知恵ある知識から［……］[7]彼は変わった。彼らが［……］言うときに熟慮しないように［……］[8]私は忌み嫌った。⑧そしてほら吹きの男たち⑨によって［……］[9]義。そして［躓《つまず》］きの岩⑩のように［……］[10]［まことに、］神は私を処罰した⑪［……］[11]［そして言］葉［……］

保存状態

縦最大約九センチメートル、幅最大六センチからなる断片。幅約一・五センチの上縁が残る。右端には縦に幅一・五センチの余白があることから、欄の右角であることがわかる。1-9行目には三—四語が残るが、10-11行目は一―二語しか読めない。

断片二四第ii欄

1[たし]かに⑫、彼女は彼女の言葉を湧き出す⑬[…………]2心臓。私に耳を傾けなさい。そして欺[瞞⑭…………]
3私は確立した。そして、[井戸の]水を飲みなさい⑮[…………]4私の家は、[……の]家[…………]5私の家
[……]に住んでいる。[…………]6永遠。そして、彼の歩み[…………]7それを集める者⑯、[彼らは]収穫す
るであろう[…………]8燃えた。そして[……を]飲む者は皆[…………]9[……源]からの水の井戸⑰[……
……]

---

(1)別訳「恥ずべきこと」。エゼ二三9、ホセ六9、箴一〇23参照。
(2)原語はヤハド。
(3)サム下二〇12、感謝詩 1QH XIV 25参照。幸い断片二一6と比較せよ。
(4)エゼ二三20参照。幸い断片二一8と比較。
(5)幸い断片一三4および一九七頁の注(4)を参照。
(6)イザ一四15参照。
(7)エゼ二三20参照。
(8)レビ二六11参照。
(9)箴一22、二九8参照。
(10)イザ八14参照。
(11)別訳「叱責した」「呪った」。民二三8、詩七12、マラ一4参照。
(12)ナコーンを推定したが、幸い断片五10を参照して、ナボーン「分別ある者」を推定することもできる。
(13)詩一九3参照。
(14)ミカ六12、詩一〇一7など参照。
(15)箴五15参照。
(16)別訳「その収穫物を」。ネヘ一二25、代上二六15、17を参照して「彼の倉庫」と解釈することもできる。
(17)ここでは、命の源である水をくみ出すことのできる井戸という比喩で律法が問題になっているのであろうか。ダマCD III 16 参照。

保存状態

二つの欄を含む断片二四は、縦最大約八センチメートル、幅最大四・八センチの断片である。約二・四センチ幅の下縁が残る。第i欄は左端がわずかに残るだけで意味のわかる語はない。第i欄と第ii欄の間に約一センチ幅の余白がある。第ii欄は、欄の右下の角が残っている。

断片二五

[1]［……………］[2]［……］ベリ［アル］①の子ら［……………］[3]［……］老いた者たち、②あなたは歩む［……………］[4]［袋の中に］何［もないのに］、［大食いして酔］っぱらう［な］③。［……］

保存状態

右下がりの斜めに残った小断片。2-4行目が一―二語残るだけである。

断片二六

[1]［…………］[2]［……］突然［…………］[3]［……］殺し屋、④暴虐をなす者のように［…………］[4]［……］麗しい首飾り⑤（余白）［…………］[5]［……亜］麻の飾り帯⑥［…………］[6]［…………］

保存状態

縦約四センチメートル、幅二・五センチの小断片。1行目と6行目には読める語はない。

断片二七

1［……］謙遜[7]［…………］2［……］あなたは歩き回る［…………］3［……］そして、彼らは［……］しない。［……］4［……］完全な人々[8]［…………］

保存状態

縦最大約三・五センチメートル、幅最大約二センチの小断片。

断片二八

1［……］浄化すること[9]［…………］2［……］そして岩（から）の水のように[10]［…………］3［……］よりも強い手［…………］4［……］鉄と鉛[11]［…………］5［……］不正を［戻］す［…………］6［…………］

（1）旧約では「役立たず」「ならず者」の意味で用いられる語（サム上二12、一〇27、箴一六27等）。感謝詩では、ヤハド共同体の敵対者に対して用いられる（1QH X 18, 24, XI 29以下など）。

（2）ここでは「長老たち」ではなく、動詞のヒフィル形分詞と解釈する。

（3）ベン・シラ一八33による推読。箴二三21をも参照。

（4）幸い断片八3で「絶滅する」と訳した語と同じ。

（5）雅四9、箴一9参照。

（6）出三九29参照。

（7）原語アナワー。幸い断片二ii＋断片三6および一八九頁の注（13）参照。

（8）ダマ CD XX 2, 5, 7, 共規 1QS VIII 20 参照。

（9）動詞 *brr* のニファル形ないしヒフィル形を推定。不定詞とも命令形とも解釈できる。エレ四11参照。

（10）出一七6、詩七八20、一〇五41参照。

（11）エゼ二二18、20、ヨブ一九24参照。

保存状態――――

縦最大約四・二センチメートル、幅一・八センチの細長い小断片。

断片二九

[1]［…………］[2]足。そして、彼らは勇気を奮った［…………］[3]神の宿り場(1)において［…………］[4]［…………］

保存状態――――

縦最大約二・三センチメートル、幅最大三センチの小断片。右端に余白があるので欄の右端であることがわかる。二―三行目しか判読できない。

断片三〇

[1]すべての［……］と共に［…………］[2]運命(2)［…………］[3]慈愛をもって［…………］[4]全世代に［…………］

保存状態――――

縦最大約二・五センチメートル、幅一・九センチの小断片。右端に余白があるので欄の右端であることがわかる。

《解説》

イエスの山上の説教の冒頭（『マタイ福音書』五章3節以下）には、「幸いだ」で始まる八つの詞が連続して置かれている（八つの至福の詞）。このような表現形式は、『詩篇』一篇1節などに見られるような、アシュレー「幸いだ」で始まる旧約の定型表現に起源をもっている（他に詩三二1-2、八四5、6、13、一一九1-2、箴三13、八34等）。『幸いなる者』（4Q525）の断片二第ii欄+断片三は、このようなアシュレーのシリーズが見られることによって発見当初から注目を浴びてきた。この作品の表題「幸いなる者」はこのことに起因する。その後も、この作品と『マタイ福音書』の「至福の詞」との比較研究はさかんに行われてきた。なお、「幸いだ」で始まる定型表現は、『エノク書』などの第二神殿時代のユダヤ文学でさかんに用いられている（エチ・エノク五八2、八一4、九九10、ベン・シラ一四1-2、20-21、ソロ詩四23、五16、一七44、一八6-7等）。

『幸いなる者』（4Q525）に属すると判断される断片は、第四洞穴から多数発見されており、DJD XXV と *DSSR* は、一—五〇までの番号が付けられた断片の他に一断片を加えた合計五十一断片を数えている。書体からは、ヘロデ朝のものと判断される。内容については、まず正典の『箴言』一—九章との語彙や表現の類似が目立つ。聴き手である生徒に詩的な言葉使いで勧告を与える知恵の教師の作品と考えてよいであろう。成立年代に関しては、プーシュ（Émile Puech）などによって前二世紀中頃が推定されているが、決定的な証拠はない。もしも断片五8行目の「あなたがたの割り当てをよそ者に、あなたがたの籤を異邦人に棄てるな」との表現が字義通りの意味に解釈されるならば、マカベア戦争との関連が想定される。なお、底本には DJD XXV を用いた。

（1）原語ミシュカン。民一六9、一七28、レビ一五31等参照。

（2）原語テウダー。旧約では「証」などと訳される（イザ八16、20、ルツ四7）。死海文書では神によって定められた時や事柄を表す術語として用いられる。感謝詩 1QH IX 21, X 39 などを参照。

語彙や表現に関しては、『共同体規則』『感謝の詩篇』などのクムラン共同体文書との共通性を指摘し、思想に関しても黙示的終末論が認められるとするデ・ルー（Jacqueline C. R. de Roo）のような研究者がいる。しかし、このような見方には懐疑的であって、リヒテンベルガー（H. Lichtenberger）やゴフ（Matthew J. Goff）のように、むしろ『箴言』や『ベン・シラの知恵』との思想的な共通点に注目する研究者もいる。ゴフによれば、『幸いなる者』では『ベン・シラの知恵』（特に二四章を参照）と同様、知恵と「律法」（トーラー）が同一視されているので、作品中の「彼女」は、女性として擬人化された「知恵」であるとも「律法」であるとも考えられるという。『幸いなる者』でトーラーの語が出るのは、「断片二第ii欄＋断片三」の4行目の一箇所だけであるが、ここには「至高者の律法」とあって、『ベン・シラの知恵』の表現と共通する（四一8、四二2、四九4参照）ことが注目される。黙示的終末論に関する議論では、特に断片一五の解釈が問題になるが、欠損が多い断片であるために決定的なことは言えない。以上のような事情から、今後の議論の参考のために、注には多数の参照箇所を挙げておいた。

参考文献

Jacqueline C. R. de Roo, Ls 4Q525 Qumran Sectarian Document? in : *The Scrolls and the Scriptures*, *JSP Suppl.* 26, Sheffield（1997）, 338-367.

É. Puech, DJD XXV, Oxford, Clarendon（1998）, 115-178.

H. Lichtenberger, Makalismen in den Qumrantexten und im Neuen Testament, in : *Wisdom and Apocalypticism in the Dead Sea Scrolls and in the Biblical Tradition*, Leuven（2003）, 391-411.

Matthew J. Goff, Wisdom and Torah : 4QBeatitude（4Q525）, in : *Discerning Wisdom*, *Supplements to Vetus Testamentum*, vol. 116, Brill（2007）, 198-229.

邪悪な女の策略……(4Q184)

勝村弘也 訳

内容

黙示思想の影響を受けた知恵文書。「邪悪さ」「愚かさ」が男たちを誘惑する女性として擬人化されて語られる。

断片一

1 彼女の[……]は空虚をもたらす。[1] そして[……]、彼女は常に錯乱したこと[2]を探し求め[3]、[彼女の口の]言葉を鋭

(1) むなしい言葉を口に出して言う、の意味。「空虚」の原語ヘベルの元の意味は「気息」。転じて「むなしさ」「はかなさ」を表現する(コヘ一2、二17など)。

(2) 別訳「過誤」。イザ三二6、感謝詩 1QH XII 13, 17 参照。

(3) 箴一28、七15、八17参照。

くする。［……］。[2]彼女は、嘲《あざけ》り（の言葉）を滑らかに語り、(1)空［疎（な言葉）］をもって共同体を(2)嘲弄《ちょうろう》するのに役立つ。(3)彼女の心臓は網罠《あみわな》(4)を準備する。そして、彼女の腎臓は、［罠］(5)。［彼女の眼は］[3]不義によって穢《けが》される。彼女の手は、落とし穴を摑み、(6)彼女の足は、悪事を働くために下る、(7)［背信の］罪責のうちに歩むために。［……］[4]闇の基《もとい》。彼女の翼(8)には多くの背信（がある）。彼女の［……は］夜の極み。彼女の衣装は、［…………］。[5]彼女の被衣《かずき》は、たそがれの暗がり。(9)彼女の装身具は、破滅的疫病。彼女の寝床(10)は、破［滅］の寝椅子。［……］。[6]水溜(11)の深み。彼女の宿は、闇の寝床。彼女の支配領域は真夜中に（ある）。(12)彼女は、暗闇の基に[7]静かに(13)天幕を張り、永遠の炉(14)のただ中で沈黙の天幕に伏す。彼女の嗣業は、すべて[8]光り輝くものの[7]うちにはない。[8]彼女はあらゆる不義の道の始め。(15)災いだ、(16)彼女を受け継ぐすべての者には腐敗が、[9]彼女を摑む[8]すべての者には荒廃が（くる）。[9]まことに、彼女の道は死の道であり、(17)彼女の路は、罪への小道。彼女の踏み進む道は、[10]不義を[9]さまようことである。[10]彼女の径は、背信の罪（に至り）、彼女の門は、死の門である。(18)彼女の家の戸口で、彼女は冥府へと進む。[11]［彼女のもとに入る者は］皆、戻ってこ［ない］(19)。彼女を受け継ぐ者は皆、墓穴(20)へと下る。彼女は隠《かく》れ処《が》で待ち伏せする。(21)［……］[12]皆［……］町の広場で身を覆い、(22)市(23)の門で立ちんぼをする。[13]彼女の絶え間のない［姦淫］から[12]［彼女を鎮《しず》］めることは、誰もできない。[13]彼女の眼は、じろじろとあちこちをうかがい、彼女はずうずうしくまつげを上げる。(24)（それは）[14]義人である[13]男を見つめて、[14]彼を堕落させるためだ、また力ある男をも。(25)実直な者たちを彼女は躓《つまず》かせて、道を誤らせ、正しい選ばれた者たちに対して、[15]命令を守ることから（外れさせる）。［心の］揺るがない者たちを恥知らずにも愚か者に変える。(26)そして、まっすぐに歩む者たちには掟を曲げさせる。[16]謙遜な者たちを神から[15]背かせる。[16]彼らの歩みを義の道から外れさせる。(27)[17]まっすぐに踏み進む道を[16]歩まないようにと、彼らの心臓に高慢(28)を入り込ませる。[17]ひとを落とし穴の道へと迷い導く。ひとの子らを滑らかな（言葉）で誘惑する。(29)

(1) 男を甘い言葉で誘惑する時の表現。箴五3参照。

(2) 原語ヤハド。クムラン共同体を指すとも解釈できる。本文書解説を参照。

(3) 動詞 *y'l* を推定。

(4) 別の読み方として「ずうずうしさ」。

(5) 詩的並行法による推読。「腎臓」は「心臓」と共に感情や良心の座と考えられていた。

(6) 箴三13、四4、五5、一一16参照。

(7) 箴五5参照。

(8) 別訳「彼女のスカート」。

(9) 箴七9参照。

(10) 「寝床」の原語はエレス。贅沢なベッドを言う(アモ三12、雅一16、箴七16参照)。この語の後に、筆写した者が「彼女の寝椅子」と書き込んだ形跡がある。

(11) 別訳「墓穴」。詩五五24、箴一12、二八17参照。

(12) 「支配領域」と訳した語の語頭が欠けているために文意は確かではない。「真夜中」は逐語的には「夜の瞳」(箴七9参照)。別の読み方としては、「彼女の天幕は、夜の基礎の上にある」。

(13) 原語 *šbt* を副詞シェベトと解釈した。

(14) 暗闇と炉の組み合わせについては、火と闇について述べる共規 1QS II 8, IV 13 参照。

(15) 箴八22参照。

(16) 原語ホーイ。イザ五8、11、18、20以下、アモ五18、ミカ二1など参照。

(17) 箴七25-27参照。

(18) 箴九18参照。

(19) あまり確かな推読ではない。

(20) 原語シャハトは、5行目で「破滅」と訳した語と同じ。

(21) 箴七12参照。

(22) 娼婦の姿。創三八14参照。

(23) 原語キルヤーの複数形。「町」イールの同義語。

(24) 箴六25、三〇13参照。

(25) 権力者を含意する。詩一三五10、箴一八18参照。

(26) 13行目で「ずうずうしく」と訳したのと同じ表現。別訳「放蕩によって」。

(27) 14行目で「誤らせる」と訳した表現と同一。

(28) 原語ザドーン。箴一一2、一三10、エレ四九16参照。

(29) 別訳「口説き落とす」。箴一10、一六29、士一四15、王上二二20-22参照。

保存状態

縦最大十三・三センチメートル、幅最大十三・二センチのかなり大きな断片であって、上縁と下縁が残っている。欄の右側の余白も残る。6-10行目、13-17行目はほとんど完全に保存されている。

断片二

1［…………］あなたの魂［…………］2［…………］あなたの中。そして、教え①によって［…………］3［…………］彼の上［…………］4［…………］砕かれた心②（で）彼に懇願する［…………］5［…………］そして目の高ぶり③、割礼なき心④［…………］6［…………］心の高ぶり、そして怒りは［……の］怒り⑤［…………］

保存状態

縦最大六・七センチメートル、幅三・八センチ（6行目）、6行からなる小断片。6行目の下に幅約二・五センチの大きな下縁が残っている。

断片三

1［…………］あなたは救われるであろう⑥［……］2［…………］常に彼に切り分ける⑦［……］3［……］［祈］りにおいてあなたの掌《て》を彼に向かって広げること⑧［……］4［……］あなたから、不義［…………］5［……］恥知らずの⑨瞳と共に［…………］

保存状態

右上から左下方向に斜めに残った小断片。上から5行と右下に下縁が残る。

断片四

1［……………］2［……………］［……の］深さ［……］3［……………］水のように彼は満たす。そして［…………
…］4［……………］人の子(10)と彼の霊［……………］5［……………］不実の罪責(11)によってではない［……………］

保存状態

最大縦約五センチメートル、幅約三センチ（4行目）の小断片。5行からなり、下に幅約二センチの下縁が残る。1行目に判読できる文字はない。

（1）原語はトーラー。別訳「律法」。
（2）詩五一19参照。
（3）箴六17参照。
（4）エゼ四四7、9参照。
（5）「怒り」は逐語的には「鼻」。
（6）文字の上方が欠けているので判読は困難。
（7）「切り分ける」と訳した動詞 *hbr* の語義は不詳。聖書ではイザ四七13で「天を切り分ける者たち」＝「占星術師たち」として用いられているだけ。
（8）出九29、33、エズ九5参照。
（9）邪悪断片一15および二一三頁の注（26）を参照。
（10）原語は、ベン・アダム。
（11）感謝詩 1QH XII 31, XIX 14 参照。

《解説》

この作品は、第四洞穴から発見された知恵文書として有名なもので、六つの断片が含まれる。これらのうち第一断片がもっとも大きく、そこには男を誘惑する「愚かな女」が描かれているので、これを最初に解読したアレグロ(John M. Allegro)によって『邪悪な女の策略』と名づけられた(DJD V, 1968)。ここに描かれている男たちを罪と死に誘い込む女を、アレグロは字義通りには「娼婦」であるとし、『ヨハネの黙示録』一七章に描かれている「大淫婦」との比較からローマを象徴的に描いたものと解釈した。しかし、ストラグネル(J. Strugnell)やハリングトン(Daniel J. Harrington)らは、『箴言』一―九章に繰り返し登場する「賢い女」と「愚かな女」との関連に注目した。そこでは女性として擬人化された「知恵」と、それとは対照的な、男を誘惑する一群の「愚かな女」が登場する。彼女たちに特徴的なのは「甘い言葉」である。このような女性は娼婦でもあるようだが、『箴言』七章の女性の場合は「人妻」である。『邪悪な女の策略』(4Q184)に登場する悪女のイメージは『箴言』の場合ほどエロチックではなく、彼女が死へと導くことがより強調されている。このような多少の相違は認められるが、この作品を古代イスラエルの伝統的な知恵文学の系列に属するものとして解釈するのが妥当であろう(箴二、五、七、九章と比較せよ)。書体はヘロデ朝初期の特徴を示す。成立年代に関しては、前二世紀から一世紀といった漠然としたことしか言えない。

基本的には、この作品を『箴言』を下地にしながら、男子生徒に知恵の教師が語っている教訓文学の一種と考えるとしても、そこには別の意味があるのではないかとする疑念は否定できない。「愚かな女」がクムラン共同体に敵対する特定の人物、あるいは集団を象徴的に描いているとする解釈については、テクストからそれを支持する決定的な証拠がない。「邪悪そのもの」を「愚かな女」として擬人化した作品であるとする解釈は、あまりにも抽象的過ぎる。この作品が独身男性から構成されたクムラン共同体の「女性嫌悪」ないし「女性への恐怖」を表しているとする解釈については、すべての女性が邪悪であると言っている訳ではないので賛成できない。ゴフ（Matthew J. Goff）が指摘するように、男性中心的な視点からの女性蔑視という点では、『ベン・シラの知恵』二五章13節以下の方がより問題になるであろう。この場合、語り手の教師は独身男性ではなく、既婚者である。ともかく、『箴言』との相違という観点からは、生と死の二元論的な対立が強調されるようになった第二神殿時代の黙示的終末論がこの作品にも強く影響を及ぼしていると言える。

翻訳に際しては、第一断片については、*DSSSE*（1997）の復元本文を基本的に採用した。最近の研究者がこの読みの方を重視しているからである。第二—四断片については、この部分が *DSSSE* にはないので、DJD のアレグロの読み（1968）を採用した。

暁の子らに、賢者の言葉……（4Q298）

勝村弘也 訳

断片一―二 i

1すべての暁の子ら(1)に語ったマスキール(2)の［言葉］。［私に］耳を傾［けよ］、すべての心ある人々よ(3)。2義を［追い］
求める者たちよ(4)、私のことばを悟りなさい。真理を尋ね求める者たちよ、私のことばを聴［きな］さい。3［私の］
唇が発するすべてのことに。［そして］知者たちよ(5)、これらを探し［求め］よ。そして命の［道に］戻りなさい。4か
れの［意思］にかなう。3人［々］(6)よ、そして［無］窮の永遠(7)の［光］［……］
5［………］

（1）「暁」の原語は、シャハル。勧告の聴き手である「暁の子ら」は、従来、ヤハド共同体の正規の構成員である「光の子ら」になる前の「志願者」を意味するとされてきたが、「光の子ら」と同じ意味であるとする説もある（解説参照）。

（2）解説を参照。

（3）ヨブ三四10参照。

（4）イザ五一1参照。

（5）ヨブ三四2参照。

（6）「かれ」は神を意味するのであろう。ルカ二14参照。

（7）「永遠」の原語オーラームは複数形。

保存状態

断片一と断片二は共に上縁が残っている。断片二のほぼ中央には欄と欄とを区分する余白がある。羊皮紙の裏面の毛穴のパターンから断片一と断片二の右側の第i欄とは、もともと同じ欄の右側と左側にあったことがわかる。両者の間の欠損部は、二—八文字分であって、断片一の右側の欠損部は数文字であったと推定される。その結果、1-3行目はほぼ完全に復元することができる。4行目は右側半分が復元できるが、5行目には判読可能な文字はほとんどない。断片三—四iと断片三—四iiから、もともと10行あったことが判明しているが、6行目以下はまったく残っていない。

断片三—四i

[1][……]住まい①[2][……]そしてそれらにおいて[3][……]塵《ちり》[4][……]神が与えた[5][……
……]全地において[6][……]彼はそれらの規定を測った②[7][……]彼が置いた[所よりも]下[8][…
……]歩むためのそれらの規定[9][……]英知の宝③[10][……]私の言葉と[……]のもの

保存状態

断片三と四は一体のものとして扱い、右側から第i欄、第ii欄、第iii欄と称している。第i欄と第ii欄の間の余白の中央で皮と皮を縫い合わせている。この欄は上縁と下縁が残っているので、全部で10行書かれていたことがわかる。欄の左端が各行一—二語程度残っているので、この部分を訳す。皮の毛穴パターンから元来、断片二iiは同じ欄の右上、断片五iiは右下にあったと推定される。断片二iiは訳を省略するが、断片五iiは別に訳文を示す。

断片三—四ii

[1][……]そしてその境界の数[2][……]聳えることなしに[3][その位]置から、[……]その境界を。そこで今、[4]耳を傾けよ、[賢者たちよ]。そして知者たちよ、(4)聴け。[5]英知ある[4]人々よ、[5][学]識を[増し加え]よ。(5)正法(6)を探し求める者[たち]よ、慎み深く[6]歩め、(7)[道を知る者たち]よ、力を増し加えよ。そして[7]真実な[6]人々(8)よ、[7][義を]追い求めよ。慈しみを愛する者たちよ、(9)[8]謙遜を[7]増し加えよ。[8]そして運命(10)の日々の知識を増し[加えよ]。[9]それらの解釈(11)を私は物語ろう。あなたがたが[10]諸時代の[9]終わり(12)について悟るために。[10]また[……を]知るために、往

---

(1) 原語ゼブル。別訳「宮」。イザ六三15では、天上の神の「住まい」の意味。共規1QS X 3, 感謝詩1QH XI 35参照。

(2) 「規定」の原語はテコーン。共規1QS X 6-7を参照。「測った」は直訳。ここでは「当てはめた」の意味か。

(3) 別訳「倉」。

(4) 本文書断片一—二ｉ3参照。

(5) 箴一5、九9参照。教訓四4Q418断片八一＋八一a17、断片二二一3を参照。

(6) 原語は、ミシュパート。『箴言』や詩一九10、詩一一九章などでは、「裁き」「公正」、あるいは個々の「法的規定」の意味ではなく、神の定めた「法」の意味に抽象化して用いられている。死海文書でもしばしば同様の用法が見られる。

(7) ミカ六8からの引用。幸い4Q525断片五13、教訓二4Q416断片二ii10参照。

(8) 別訳「真理の男たち」。感謝詩1QH VI 13,「真理の子ら」（共規1QS IV 5, 感謝詩1QH XIV 32など）と同義であろう。

(9) ミカ六8参照。4Q秘義4Q299断片五四3、教訓四4Q418断片一六九＋一七〇3など参照。

(10) 原語は、テウダー。別訳「定め」。旧約では、「証」「確証」と訳される（用例はイザ八16、20、ルツ四7のみ）。死海文書では神によって定められた時や事柄を表す術語として頻繁に用いられる。感謝詩1QH IX 21, X 39, XIV 22, XX 12, XXV 13, 賢者詩4Q510断片一7、4Q525断片三〇2など参照。

(11) ダマCD XIII 8参照。

時のことども(1)を、あなたがたは注視するであろう。

保存状態

断片三と四は一体のものとして扱われる。上縁と下縁が残っており、10行からなる。欄の右寄りにV字型の欠損部があって、欄を完全に左右に分離している。しかし、10行目の欠損が、一字であると推定されることから、左右に分かれている欄の幅が推定される（7行目では欄の左右の余白を含めずに、六・八センチメートル）。このことから、4行目以下は、欠損部をほぼ完全に推定できる。

断片五ii

1 ［……］そして［……］ 2 暁《あかつき》と［……］ 3 その境界［……］ 4 彼は境界を定めた［……］

保存状態

小さな断片五の左側の第ii欄には4行と下縁が残っている。元来、断片三―四iと同じ欄の右下に位置していたと推定される。なお1行目には三字しか残っていない。なおもとの行は、7–10行目に該当する。

《解説》

「マスキール（賢者）の［言葉］」で始まるこの文書は、『箴言』一―九章や死海文書の『共同体規則』『教訓』『秘義』によく似た内容を持つ勧告文である。語っているのは「マスキール」と称する賢者であるが、これはクムラン共同体の中の職位を示すと考えられる。この勧告は、「暁の子ら」と呼ばれている特定の聴き手を対象としている。彼らは「義を追い求める者たち」（本文書断片一2）、「真理を尋ね求める者たち」（断片一2）、「正法を探し求める者たち」（断片三—四ii5）などと言い換えられる。

この文書の著しい特徴の一つは、通常のヘブライ語方形文字ではなく、「暗号A」（crytic A）と呼ばれる謎めいた文字で書き記されていることである。この文字は『月の盈欠』（4Q317）、『暗号Aパピルス』（4Q249j-q）、『ハラハー書簡』（4Q313）などでも使用されており、「エッセネ派の秘義的書体」などとも言われているが、この文字で書かれている文書がすべてクムラン共同体起源であることを証明するわけでもない（『ホロスコープ』4Q186 参照）。この文書の場合、他のクムラン文書との内容的な共通点が多いことから見ても、クムラン共同体に直接関係する文書であると判断される。

この文書の語り手である「マスキール」については、『感謝の詩篇』にも五回登場するので（作品の表題に四回）、本シリーズ第Ⅷ冊『詩篇』でも少し説明したが（一四二頁）、再考しておく。この語は、動詞サーカル（*śkl*）のヒフィル形ヒスキールから派生した名詞である。ヒスキールの意味は、「洞察する」「諭す」「賢明にする」「成功する」などである。マスキールは正典『詩篇』の表題にも頻繁に出てくる（三二、四二、四四、四五、五二—五五篇など）だけではなく、『ダニエル書』にも登場することが注目される（一一33、一二3）。死海文書では『共同体規則』において、共同体の教師とされている（1QS III 13—IV 26, IX 12–26）。ここでは「マスキール（教師）」は、すべての光の子らに、すべての人の子らの本性（トーレドート）について、悟らせ、教えること」（III 13）と規定されている。『共

（1）イザ四三18参照。

（12）終末の意味。「諸時代」の原語は、オーラームの複数形オーラモート（女性形！）。

同体規則』では、マスキールは、「メバッケール」（監督、監査役）（VI 12, 20）とは別の職位であるが、『ダマスコ文書』では、「多数者（＝共同体の正規の構成員）」を教育するのは、メバッケールの職務として規定されている（ダマCD XIII 7–8）。『賢者の詩篇』（4Q510–511）では、マスキールが悪霊の攻撃から共同体を守るために神への賛歌を歌う役割を演じている。この点から判断するとマスキールは、祭司的な機能を果たしていることになる。教育内容については、断片三—四 ii 8–10で語られるが、このような終末に関する教えは『教訓』と一致する（特に4Q417断片一参照）。

勧告の受け手である「暁の子ら」（ベネー・シャハル）については、誰を指すのかについて論争が続いている。この表現は、DJD XX の編集者であるパン（S. J. Pfann）やキスター（M. Kister）によってヤハド共同体の正規の構成員である「光の子ら」になる前の「志願者」を意味すると解釈された。しかし、ヘンペル（Ch. Hempel）、バウムガルテン（J. M. Baumgarten）、ゴフ（M. J. Goff）らはこのような見解に異を唱える。まず「暁の子ら」は、『ダマスコ文書』（CD XIII 14–15）にも出てくるが、ここでは「光の子ら」と同じ意味を持つと解釈される。『感謝の詩篇』での「暁」（シャハル）の用例（1QH XII 7）は、神の顕現に関係しており、ここでは弱い光を意味しない。さらに『イザヤ書』一四章12節の用法では、単数の「暁の子」は、光輝く金星を指している。以上の諸点から判断すると、「暁の子ら」は、「光の子ら」と同義的であるとする解釈が成り立つ。なお、動詞シャーハルは、「探し求める」を意味するから（教訓三 4Q417 断片一 i 12参照）、「暁の子ら」には、義と真理の「探求者」という別の意味が隠されていると言えよう（ゴフの見解）。

この文書が書かれた羊皮紙の裏側には羊の毛穴が残っている。そのことから巻物が羊の皮のどの部分からとられたものであるのかがわかると共に、残っている断片の位置関係が推定される。なお、底本には DJD XX を用いた。

神の摂理 ……………………（4Q413）

勝村弘也 訳

断片一＋二

[1]**知［識］の計画**(1)［を見出せ］。私は知恵をあなたがたに教えよう。エノシュの（歩む）道と[2]**アダ［ム］の子ら**(2)の
[1]行いについて洞察しなさい。[2]［まことに、］神(3)が或る人を［愛するときには］、かれはその人の嗣業《しぎょう》をかれの真実
の知識によって増し加えた。そしてかれが(4)[3]**あらゆる悪人を**[2]忌み嫌うことに照応して、(5)[3]（彼が）自分の耳の聴く

（1）箴八12「私は、計略（メジムマの複数形）の知識を見出している」を参照。「計画」と訳したメジムマについては、文字の判読が困難であって、ミズモルと読む者もいる。この語は『詩篇』の表題によく出てくる語で「賛歌」などと訳される。この場合、断片一は、儀礼文書の一部と見なされる。

（2）「エノシュ」「アダムの子ら」は、「人間」ないし「人類」を意味するが、ここでは『創世記』五章を意識していると考えて固有名詞として訳した。

（3）「神」（エール）は、古い字体で書かれている。

（4）ここまでの「かれ」は「神」のこと。

（5）欠損部があるために、この文節の前後との関係がわかり難い。ここでは後ろの文に続くと解釈した。

ところに［従って］、自分の目の見るところに［従って］[1]、［歩むならば］生きることはない。（余白）そして今、始めの［日々の神の］4 **慈愛を**〔想い起こせ〕。そして神[2]が啓示されたままに、あなたがたは代《よ》〔々《よ》〕の年を熟慮せよ[3]。

5（余白）［…………］

《解説》

二つの断片が残っている。断片一と二は、それぞれ4行を含んでおり、いずれも欄の上には上縁がきれいに残っている。最大幅約八・七センチメートルの大きい方の断片二には欄の左側の縁、最大幅二・五センチの小さい方の断片一には右側の縁が認められる。DJD において『神の摂理』（4Q413）を担当したキムロン（E. Qimron）は、これら二つの断片は同一の欄の左右であったと判断し、欠損していると判断した中間の部分に二語程度（六―十文字程度）を推定して、テクストを復元した。内容としては、神の摂理について語っているとして、文書名を“4Q Composition concerning Divine Providence”とした。しかし両断片の写真をよく観察すると、文字の形や大きさが微妙に違っているように見えるし、行と行との間隔も断片一の方が少し広いように見える。一九九二年に二つの断片の合成を疑ったストラグネル（J. Strugnell）は、エルグヴィン（T. Elgvin）に実物の鑑定を依頼した。その結果、エルグヴィンは二つの断片が同一文書の一つの欄であることは認め難いと判定した（M. T. Goff も同意見）。その以上に示した訳文は、DJD の提示する合成テクストによっているが、1－4行の冒頭部（断片一に該当）に関しては、より大きな断片二の内容と無関係である可能性がある（この部分を太字体で示す）。全体の内容は、断片二の部分からかなり読みとれる。その内容は、クムラン共同体に由来すると判断される文書と共通している。書体からはヘロデ朝時代に筆写されたと判定される。底本には DJD XX（E. Qimron 編）を用いた。

参考文献

J. Goff, EQ413 : Instruction on the Role of God in History : *Discerning Wisdom, Supplements to Vetus Testamentum*, vol. 116, Brill（2007）, 272-277.

（1）イザ一一3の表現と類似。この部分の主語は、「悪人」ではないとしても、神ではなく、人間である。
（2）「神」（エール）は、古い字体で書かれている。
（3）申三二7「いにしえの日々を想い起こし、代々の年を熟慮せよ」と比較せよ。

二つの道…………………………(4Q473)

勝村弘也 訳

内容

『申命記』の文体を模倣した勧告。

断片一

1 [そして、彼は]あなたを賛美するでしょう。(1) [……………] 2 かれは不思議を行った(2) [……………] 3 そして、すべ
ての[……………] 4 あなたは見た(3) [……………]

(1) イスラエルの民がYHWHを賛美する。
(2) 出エジプトに際しての奇蹟に言及しているらしい。申四34、六22、七19、出一五11、詩七七12、15、七八12参照。「かれ」は神の意味。
(3) イスラエルが神の業を見たことと関係するのであろう。出一四13、一九4、申一一7、二九1参照。

保存状態

4行からなり、右縁が残っている小断片。

断片二

1［…………］2その中を。(1)［……］そしてかれは、(2)［あなたの前に命と死とを］置いた。(3)［……あなたの前に］3二［つの］道(4)を、一つは善［の、一つは悪の（道を）］［…………］(5)4そして、かれはあなたを祝福するであろう。しかし、もしもあなたが［悪の］道を歩むならば、［……］(6)［災いを］5かれはあなたの上に来《きた》ら［せる］であろう。そして、かれはあなたを滅ぼすであろう。⑥［……］［6そして、さび病(7)と雪と氷と雹《ひょう》(8)とを［……］7すべての［破滅の］(9)天使たちと共に［……］8［…………］

保存状態

8行からなるが、1行目は二文字しか読めず、8行目に判読できる文字はない。5行目の幅が最も広く約四・八センチメートルある。右側に八ミリメートルほどの余白が残っていることから、欄の右側が残存していることがわかる。

《解説》

『二つの道』（4Q473）は、二つの小断片からなる。『モーセの言葉』（1Q22）と同じように『申命記』の文体を模倣した勧告文である。語り手はおそらくモーセ、聴き手は——二人称単数形で示される——イスラエルの民である。語り手は、民に出エジプトにおける神の業を想起させ、沃地に入ってからの状況を前提にして、警告を発する。大きい方の断片二には、祝福と呪いのモチーフが現れる。これは『申命記』一一章13-17節、二七―三〇章――特に二八章に似ている――と共通するのみではなく、『共同体規則』(1QS II 1-18)、『ベラホート』(4Q286-290)(本シリーズ第IX冊『儀礼文書』一一頁以下参照)とも共通する。このような内容から判断すると、直接クムラン共同体とは関係がない文書である。底本にはDJD XXII(T. Elgvin編)を用いた。

(1) モセ言1Q22 II 8を参照して「あなたがその中を歩む道」が推定される。
(2) 以下の「かれ」は神の意味。
(3) エレ二一8、申三〇15参照。
(4) 「道」のモチーフは、『申命記』に頻出する(八6、一〇12、一一22など)。また預言書(エレ二33、三21など)にも、『箴言』(二12以下、八20など)にも出てくる。
(5) 「もしもあなたが善の道を歩むならば、彼はあなたを守り」のような文が推定される。
(6) 「彼はあなたを詛うであろう」のような文が推定される。
(7) 別訳「うどん粉病」。聖書には申二八22、アモ四9など五つの用例がある。
(8) 出九13以下、詩七八47、一〇五32参照。
(9) ダマCD II 6, 戦い1QM XIII 12に基づく推読。「聖なる」も考えられる。

アラム語箴言……………………………………（4Q569）

勝村弘也 訳

内容

アラム語で書かれた格言集の断片。

断片一

1［……………］2そして得た(1)［……］3［……］するな。［……］から［……］4そして［……を］粗末にするな。［……］
5あなたは［……］のようだ。［……］6もしもあなたの主人が［……を］愛しているなら［……］7あなたを殺そうと
して［……］8貧者をおぼえよ。［……］9あなたの息子たちを教えよ［……］

（1）「買った」とも解釈できる。この後に「アソーン」の語を読み取り、「医者」あるいは「薬」を意味すると解釈する者もいる。ベン・シラ三八1以下参照。

《解説》

合計三つの断片からなる。ここでは断片一のみを訳すことにする。断片一は9行が残る縦長の小断片である。1行目には判読できる文字はない。2-9行の各行には四―九文字が残っている。右端の縁があることから、欄の右側であったことがわかる。書体はハスモン朝期の特徴を示す。あまりにも断片的なので知恵文学であったことしかわからない。この文章については、プーシュ（É. Puech）が断片一と断片二とを組み合わせて多くの箇所で推読を行いテクストを復元しようと試みているが（DJD XXXVII）、あまりにも仮説的であって信用できない。したがってここでは、*DSSSE* が提示している断片一のみを訳した。

教訓類似文書
（4Q419, 4Q486, 4Q487）

勝村弘也 訳

教訓類似文書A（4Q419）

内容

研究の初期段階において誤って知恵文書と判定されたもの。祭司に関連する文書である。

断片一

1 すべての法規(1)に従って、あなたがたがなすべき［……］2 あなたがたにモーセをとおして、(2)そして彼がなすべき［……］3 彼の祭司たちをとおして。まことに彼らは契約に忠実な者たち(3)［……］4［彼］に属することと［……］を、

（1）申一七11参照。「法規」の原語はミシュパート。別訳「判例」。

（2）逐語的には「モーセの手によって」。教訓四 4Q418 断片一八四1参照。

彼は知らせる①［……］5［……］彼は［……］のためにアロンの子孫を選んだ②［……］6彼の道。そして、宥《なだ》めの香りを③捧げるために［……］7そして、彼は彼らに与えた。［……］彼の民の［すべ］てに、そして［……］8そして、彼は命じた［…………］9高く挙げられた玉座、④（彼が）彼らに知らせるときに⑤［……］、10彼こそは永遠に生き、彼の栄光はとこ［しえ］に［……］11あなたがたは探し求めなさい。そして、不浄な嫌悪すべきもの⑥［……］12彼らの愛。そして、彼らはあらゆる［……］において身を穢《けが》した［……］

保存状態

縦幅一・八センチメートルの上縁と一センチ以上ある余白が右側に残っているので、欄の右上に当たることがわかる。13行が残存するが、最後の行の文字は判読できない。六語程度残っている行もあるが、虫食いが激しい。

断片八第ii欄

1彼の悦楽、［…………］2そして彼の言葉によって［…………］3［……］の時に［……］彼はそれらを数えた。⑦［……］4［……］の報い⑧と共に、彼らの道を⑨彼らから⑩［……］5闇に。そして、彼の宝庫から彼は［……］⑪6永遠のあらゆる時に⑫収穫［……］7もし彼がその手を閉じるならば、すべての［肉なるものの］霊は集められる。⑬［……］。8彼らの土に、彼らは戻る⑭［……］

保存状態

断片八は全体の幅が最大六・五センチメートルあるが、右寄りに幅一センチ程度の欄と欄とを区切る余白がある。第ii欄は7行目あたりの幅が最大で五・二センチあって、六語が記されている。欄の右側に当たる。

《解説》

「教訓類似文書A（4QInstruction-Like Composition A）」と名づけられた 4Q419（Sapiential Works B とも呼ばれる）には、合計十一の断片が数えられる。これらのうちで断片一と断片八第ii欄だけが意味内容が推測できる比較的大きなものである。他の断片は、あまりにも小さいので内容がわからない。断片一と断片八とを比較すると、

（3）聖書には「契約に忠実でなかった」という表現がある（詩七八37）。

（1）4行目以下の「彼」は、神を意味すると思われる。
（2）レビ二21、二三4参照。
（3）「宥めの香り」の原語は、ニホーアハ。聖書ではレーアハ・ニホーアハとして用いられる。これを略した表現と解釈。
（4）イザ六1参照。
（5）別の読み方として「……と共に威厳をもって」。
（6）「嫌悪すべきもの」は、ここでは祭儀用語として、神に受け入れられないものの意味で使用されているのであろう。
（7）ひとの悪行の数を問題にしているらしい。
（8）教訓三 4Q417 断片一 i 7、教訓二 4Q416 断片七2、共規 1QS III 14, 18 等参照。
（9）人類一般の行いを問題にしているのであろうか。
（10）別の読み方として「混乱させながら」。
（11）動詞「戻すであろう」あるいは「満足させるであろう」が推定される。
（12）教訓三 4Q417 断片一 i 7参照。
（13）「もし」以下、同一の文が、教訓二 4Q416 断片二 ii 2-3にある。「集められる」は、死んで冥府に入るの婉曲表現。ヨブ三四14参照。
（14）ヨブ三四15、詩一〇四28-29、詩一四六4、創三19参照。

かなり外観が異なっている。特に欄の構成の仕方の異なることが問題になる。例えば、行間は断片一の方が断片八の場合よりも広い（前者の平均が約七ミリメートル、後者が約六・三ミリ）。しかし、書体はいずれもハスモン朝中期から末期（前八〇―四〇年頃）の特徴を示し、しかも筆跡が非常に似ているので、同一の文書に属するものとされる（なお、両者の筆跡は『知恵の言葉』（4Q185）と酷似する）。内容を見ると、実践的・具体的な勧告がなく、特に教育的と考えられる文もない。その意味で、「教訓類似文書A」という名称は不適切である。それではどうして研究の初期の段階に『教訓』（4Q415-418）に類似していると判定され、4Q419という分類番号が付けられたのかというと、4Q416断片二と4Q417断片一とに共通する表現が出てくるからである（断片八の6行目と7行目を参照）。しかし、このことを根拠に、この作品が知恵文書であると判定するのは無理である。底本にはDJD XXXVI（S. Tanzer編）を用いた。

教訓類似文書（4Q486, 4Q487）

教訓類似文書（4Q486）

あまりにも断片的なために訳さず。

教訓類似文書（4Q487）

断片一第i欄

[1-2]［……………］[3]［……………］そして高く挙げること[4]［……………］彼のすべての掟のうちに[5]［……………］日々のように[6]［……………］

保存状態

断片一は縦最大五・一センチメートル、幅六・五センチの小断片であり、中央右寄りに約〇・五センチの余白があって第i欄と第ii欄とを分ける。第i欄で意味がとれるのは四語だけである。

断片一第ii欄

[1]［…………］[2]かれは彼を［……］のように塵《ちり》(1)に造った［……］[3]頑なな［彼の心］をもって、(2)彼は探しまわるであろう。(3)［……］[4]火炎の中で(4)［…………］[5]破滅のうちに、(5)そして［…………］[6]［……］の人［……］

保存状態

断片一の左側の欄。幅は最大三・四センチメートル。6行が残るが1行目には意味のとれる語はない。

断片二

[1]［…………］[2]［……］に抑圧される［……］[3]［……］の軍旗［……］[4]［……］また、彼は隠れていてはならない［……］[5]［……］の教え(6)をもって試されている(7)［……］[6]［……］不思議［……］[7]［……］罪深い心(8)の［頑なさ……］[8]［……］真実と知［恵……］[9]［……彼が］裁きの座につくときに［……］

保存状態

縦最大六・八センチメートル、幅三・三センチのほぼ長方形の断片。9行からなるが、1行目に意味のとれる語はない。

断片一〇

[1]［…………］[2]［……］答［えが］な［い］(9)［……］[3]［……］不思議［……］[4]［……］軽蔑(10)に［……］[5]［……］空疎な

もの[11][……]６[……]告げる者[12][……]

保存状態
縦最大四・二センチメートル、幅一・二センチの小断片。

《解説》
薄いパピルスに記された文書であって、五十以上の小断片からなる。知恵文学に属するかどうかは、判断することが困難である。書体からはハスモン朝後半に筆写されたと推定される。底本にはDJD VIIを用いた。

（1）詩一〇三14、創一八27参照。
（2）エレ三17、七24、一八12、感謝詩1QH XII 16参照。
（3）コヘ一13参照。
（4）イザ六六15。
（5）創一九29参照。
（6）原語はトーラー。別訳「律法」。
（7）字義通りには「精錬する」を意味する動詞 *ṣrf* の受動分詞が用いられている。
（8）原語はアシュマー。
（9）イザ五〇2、六六4参照。
（10）箴一二8参照。
（11）箴一二11、二八19参照。
（12）別の読み方として「聴いたこと」。

5Q（第五洞穴）

6Q（第六洞穴）

7Q（第七洞穴）

8Q（第八洞穴）

11Q（第十一洞穴）

整理番号・文書名一覧

＊整理番号順に文書名と対照する．右端の数字は，収録分冊．

CD　ダマスコ文書　①

1Q（第一洞穴）

1QH[a]　感謝の詩篇　⑧
1QpHab　ハバクク書ペシェル　③
1QS　共同体の規則　①
1Q14　ミカ書ペシェル　③
1Q15　ゼファニヤ書ペシェル　③
1Q16　詩篇ペシェル　③
1Q17-18　ヨベル書（ヘブライ語）　⑤
1Q19+19bis　ノア書　⑥
1Q20　創世記アポクリュフォン　⑥
1Q21　レビの遺訓（アラム語）　⑥
1Q22　モーセの言葉　⑥
1Q23-24　巨人の書　⑤
1Q26　教訓　⑩
1Q27　秘義　⑩
1Q28a　（1QSa）会衆規定　①
1Q28b　（1QSb）祝福の言葉　⑨
1Q29　火の舌または
　　モーセ・アポクリュフォン　⑥
1Q32　新しいエルサレム　④
1Q33（1QM）　戦いの巻物　①
1Q34+34bis　祭日の祈り　⑨
1Q35　感謝の詩篇　⑧

2Q（第二洞穴）

2Q19-20　ヨベル書（ヘブライ語）　⑤
2Q21　モーセ・アポクリュフォン　⑥
2Q22　物語と詩的作品　⑥
2Q24　新しいエルサレム　④
2Q26　巨人の書　⑤

3Q（第三洞穴）

3Q4　イザヤ書ペシェル　③
3Q5　ヨベル書（ヘブライ語）　⑤
3Q7　ユダの遺訓（ヘブライ語）　⑥

4Q（第四洞穴）

4Q88　詩篇外典　⑧
4Q123　ヨシュア記敷衍　⑦
4Q127　出エジプト記パラフレイズ　⑥
4Q158　聖書パラフレイズ　⑦
4Q159　布告　②
4Q160　サムエル記アポクリュフォン　⑦
4Q161-165　イザヤ書ペシェル　③
4Q166-167　ホセア書ペシェル　③
4Q168　ミカ書ペシェル　③
4Q169　ナホム書ペシェル　③
4Q170　ゼファニヤ書ペシェル　③
4Q171, 173　詩篇ペシェル　③
4Q174　フロリレギウム　③
4Q175　テスティモニア　③
4Q176　タンフミーム　③
4Q176a　ヨベル書（ヘブライ語）　⑤
4Q177, 178　カテナ　③
4Q179　外典哀歌A　⑧
4Q180-181　創世時代　③
4Q182　カテナ　③
4Q183　終末釈義　③
4Q184　邪悪な女の策略　⑩
4Q185　知恵の言葉　⑩
4Q186　ホロスコープ　⑪
4Q196-199　トビト書（アラム語）　⑦
4Q200　トビト書（ヘブライ語）　⑦
4Q201-202　エノク書（アラム語）　⑤
4Q203　巨人の書（アラム語）　⑤

勝村弘也

1946年生まれ. 専攻, 旧約学, ユダヤ学. 京都大学大学院博士課程単位取得退学. 現在, 神戸松蔭女子学院大学名誉教授, 日本聖公会ウイリアムス神学館教授.
著書,『詩篇注解』『旧約聖書に学ぶ——求めよ、そして生きよ』(日本キリスト教団出版局, 1992, 93), 岩波書店版の旧約聖書シリーズにおいて『雅歌・哀歌』(第XⅢ巻, 1998),『箴言』(第Ⅻ巻, 2004) を担当.『箴言カレンダー——ユダヤの知恵』(聖公会出版, 2003),『滅亡の予感と虚無をいかに生きるのか——聖書に問う』(共著, 新教出版社, 2012), 訳書, G. フォン・ラート『イスラエルの知恵』(日本キリスト教団出版局,1988).

死海文書　X　知恵文書

2019年３月20日　第１刷発行

訳　者　勝村《かつむら》弘《ひろ》也《や》
装幀者　菊地信義
発行者　中川和夫

発行所　株式会社 ぷねうま舎
〒162-0805　東京都新宿区矢来町122　第二矢来ビル3F
電話 03-5228-5842　ファックス 03-5228-5843
http://www.pneumasha.com

印刷・製本　株式会社ディグ

ISBN 978-4-906791-84-2　Printed in Japan

死海文書
全12冊

編集委員：月本昭男・勝村弘也・守屋彰夫・上村　静

Ⅰ	共同体規則・終末規定	松田伊作・月本昭男・上村　静 訳	
Ⅱ	清潔規定・ハラハー・神殿の巻物	阿部　望・里内勝己 訳	
Ⅲ	聖書釈義	月本昭男・勝村弘也・山我哲雄 上村　静・加藤哲平 訳	
Ⅳ	黙示文学	月本昭男・勝村弘也・阿部　望 杉江拓磨 訳	
Ⅴ	エノク書・ヨベル書	月本昭男・武藤慎一・加藤哲平 訳	
Ⅵ	聖書の再話１	守屋彰夫・上村　静 訳	本体5300円
Ⅶ	聖書の再話２	守屋彰夫・上村　静・山吉智久 訳	次回配本
Ⅷ	詩篇	勝村弘也・上村　静 訳	本体3600円
Ⅸ	儀礼文書	上村　静 訳	本体4000円
Ⅹ	知恵文書	勝村弘也 訳	本体5000円
Ⅺ	天文文書・魔術文書	勝村弘也・上村　静・三津間康幸 訳	
補遺	聖書写本・銅板巻物	勝村弘也ほか 訳	